Nicht nur zur Weihnachtszeit

Der Mann mit den Messern

HEINRICH BÖLL

Nicht nur zur Weihnachtszeit

Der Mann mit den Messern

Edited by **Dorothea Berger**
New York University

D. Van Nostrand Company
New York   Cincinnati   Toronto   London   Melbourne

D. Van Nostrand Company Regional Offices:
New York   Cincinnati   Millbrae

D. Van Nostrand Company International Offices:
London   Toronto   Melbourne

Copyright © 1959 by Litton Educational Publishing, Inc.

1973 Impression

ISBN: 0-442-22020-0

All rights reserved. No part of this work covered by the copyright hereon may be reproduced or used in any form or by any means—graphic, electronic, or mechanical, including photocopying, recording, taping, or information storage and retrieval systems—without written permission of the publisher. Manufactured in the United States of America.

Published by D. Van Nostrand Company
450 West 33rd Street, New York, N.Y. 10001

10   9   8   7   6   5   4   3   2   1

FOREWORD

Heinrich Böll was born in Cologne, Germany, in 1917. From 1938 until the end of World War II, he served in the Germany army. Since 1951 he has again been living in Cologne.

Upon his return from the war, Heinrich Böll launched a literary career which has brought him international renown, culminating in the Nobel Prize for Literature in 1972. In 1971, Böll was elected President of International PEN.

In his early short stories, he gave notice to the wrath and bitterness of the inarticulate soldiers returning home after World War II. Two novels, in particular, won him the applause of critics both at home and abroad: *Wo warst du Adam? (Adam, Where Art Thou?)*, published in 1951, reflects in realistically conceived scenes the futility of war. *Und sagte kein einziges Wort* (1953), published in English as *Acquainted with the Night*, delineates, through a dialogue between husband and wife, the marital problems of a returning soldier whose life is being undermined by postwar hardship and misery. Other important works by Böll include *Haus ohne Hüter (Tomorrow and Yesterday), Das Brot der frühen Jahre, Irisches Tagebuch,* (all published in 1957); *Billiard um halb zehn (Billiards at Half Past Nine),* 1959; *Ansichten eines Clowns (The Clown),* 1963; *Ende einer Dienstfahrt,* 1966; *Gruppenbild mit Dame (Group Photograph with Lady),* 1971.

Böll's *Irish Diary* is not really a diary, but rather a collection of sketches and stories, a sophisticated travelogue of the imagination. In his most recent novels, Böll treats variations of themes similar to those of his earlier novels; his style, on the other hand, becomes increasingly more original. In the latest novel, the Lady of the title hardly ever speaks or acts but is merely observed—coolly, objectively—by the author, who functions as detective-storyteller. This objectivity represents a departure from his earlier slightly sentimental style.

When Böll received the Nobel Prize for Literature, some questioned whether he deserved it on purely literary grounds. Everyone agreed, however, that he deserved every commendation for his courageous stand against war and his passionate espousal of the cause of peace.

The two stories presented in this edition show Böll at his best. NICHT NUR ZUR WEIHNACHTSZEIT reflects the author's disgust with those who stayed at home during the war and who wished afterward that everything could again be as it was before the war. People who felt affected by Böll's views naturally did not like them. They took exception to his pessimism, which smashed their imaginary dream world into nothingness. Böll rejects the suggestion "Let's forget about Hitler." *Nicht nur zur Weihnachtszeit* may be taken as his modest attempt to reeducate his fellow countrymen. If nothing else, it shows that an outstanding contemporary German writer has taken his moral responsibility seriously.

DER MANN MIT DEN MESSERN, from the short-story collection *Wanderer, kommst du nach Spa . . .* , depicts with ironical melancholy, and in a setting of drama and suspense, the outer and inner conflicts which returning soldiers experienced during the postwar period. It offers excellent contrast to its companion selection and will enable the student to judge Böll's varied literary gifts and writing techniques.

Böll's vocabulary is remarkably rich, his style highly original, and the narrative pace, under a quiet surface, breathtaking. With the exception of a single word, Böll's original texts have not been altered. In *Der Mann mit den Messern,* a vulgar slang expression has been replaced by a colloquialism.

The editor wishes to express her thanks to Mr. Böll for his permission to reprint the two stories in this edition.

NICHT NUR ZUR WEIHNACHTSZEIT

The title of this story is ironically misquoted from the first stanza of the famous Christmas carol O Tannenbaum:

> O Tannenbaum, o Tannenbaum,
> Wie treu sind deine Blätter!
> Du grünst NICHT NUR ZUR SOMMERZEIT,
> Nein, auch im Winter, wenn es schneit.
> O Tannenbaum, o Tannenbaum,
> Wie grün sind deine Blätter!

1

n unserer Verwandtschaft machen sich Verfallserscheinungen bemerkbar, die man eine Zeitlang stillschweigend zu übergehen sich bemühte, deren Gefahr ins Auge zu blicken man nun aber entschlossen ist. Noch wage ich nicht, das Wort Zusammenbruch anzuwenden, aber die beunruhigenden Tatsachen häufen sich derart, daß sie eine Gefahr bedeuten und mich zwingen, von Dingen zu berichten, die den Ohren der Zeitgenossen zwar befremdlich klingen werden, deren Realität aber niemand bestreiten kann. Schimmelpilze der Zersetzung haben sich unter der ebenso dicken wie harten Kruste der Anständigkeit eingenistet, Kolonien tödlicher Schmarotzer, die das Ende der Unbescholtenheit einer ganzen Sippe ankündigen.

Heute müssen wir es bedauern, die Stimme unseres Vetters Franz überhört zu haben, der schon früh begann, auf die schrecklichen Folgen aufmerksam zu machen, die ein „an sich"[1] harmloses Ereignis haben werde. Dieses Ereignis selbst war so geringfügig, daß uns das Ausmaß der Folgen nun erschreckt. Franz hat schon früh gewarnt. Leider genoß er zu wenig Reputation. Er hat einen Beruf erwählt, der in unserer gesamten Verwandt-

[1] an sich *in itself.*

schaft bisher nicht vorgekommen ist, auch nicht hätte vorkommen dürfen: er ist Boxer geworden. Schon in seiner Jugend schwermütig und von einer Frömmigkeit, die immer als „inbrünstiges Getue" [2] bezeichnet wurde, ging er früh auf Bahnen,[3] die meinem Onkel Franz — diesem herzensguten Menschen — Kummer bereiteten. Er liebte es, sich der Schulpflicht [4] in einem Ausmaß zu entziehen, das nicht mehr als normal bezeichnet werden kann. Er traf sich mit fragwürdigen Kumpanen in abgelegenen Parks und dichten Gebüschen vorstädtischen Charakters. Dort übten sie die harten Regeln des Faustkampfes, ohne sich bekümmert darum zu zeigen, daß das humanistische Erbe vernachlässigt wurde. Diese Burschen zeigten schon früh die Untugenden ihrer Generation, von der sich ja inzwischen herausgestellt hat, daß sie nichts taugt.[5] Die erregenden Geisteskämpfe [6] früherer Jahrhunderte interessierten sie nicht, zu sehr waren sie mit den fragwürdigen Aufregungen ihres eigenen Jahrhunderts beschäftigt. Zunächst schien mir, Franzens Frömmigkeit stehe im Gegensatz zu diesen regelmäßigen Übungen in passiver und aktiver Brutalität. Doch heute beginne ich manches zu ahnen. Ich werde darauf zurückkommen müssen.

Franz also war es, der schon frühzeitig warnte, der sich vor allem [7] von der Teilnahme an gewissen Feiern ausschloß, das Ganze als Getue und Unfug bezeichnete, sich vor allem später weigerte, an Maßnahmen teilzunehmen, die zur Erhaltung dessen, was er Unfug nannte, sich als erforderlich erwiesen. Doch — wie gesagt [8] — besaß er zu

---

[2] Getue *carrying on;* inbrünstiges Getue *pious pretense, hypocrisy.* [3] ging er früh auf Bahnen *he early followed paths.* [4] Schulpflicht *compulsory school attendance;* sich der Schulpflicht entziehen *to play truant.* [5] von der sich ja inzwischen herausgestellt hat, daß sie nichts taugt *which has meanwhile proved itself to be good for nothing.* [6] Geisteskämpfe *intellectual struggles.* [7] vor allem *above all (things).* [8] wie gesagt *as I was saying.*

wenig Reputation, um in der Verwandtschaft Gehör zu finden.

Jetzt allerdings sind die Dinge in einer Weise ins Kraut geschossen,[9] daß wir ratlos dastehen, nicht wissend, wie wir ihnen Einhalt gebieten sollen.[10]

Franz ist längst ein berühmter Faustkämpfer geworden, doch weist er heute das Lob, das ihm in der Familie gespendet wird, mit derselben Gleichgültigkeit zurück, mit der er sich damals jede Kritik verbat.

Sein Bruder aber — mein Vetter Johannes —, ein Mensch, für den ich jederzeit meine Hand ins Feuer gelegt hätte,[11] dieser erfolgreiche Rechtsanwalt, Lieblingssohn meines Onkels — Johannes soll sich der kommunistischen Partei genähert haben, ein Gerücht, das zu glauben ich mich hartnäckig weigere. Meine Cousine Lucie, bisher eine normale Frau, soll sich nächtlicherweise in anrüchigen Lokalen, von ihrem hilflosen Gatten begleitet, Tänzen hingeben, für die ich kein anderes Beiwort als existentialistisch finden kann, Onkel Franz selbst, dieser herzensgute Mensch, soll geäußert haben, er sei lebensmüde, er, der in der gesamten Verwandtschaft als ein Muster an Vitalität galt und als ein Vorbild dessen, was man uns einen christlichen Kaufmann zu nennen gelehrt hat.

Arztrechnungen häufen sich, Psychiater, Seelentestler werden einberufen. Einzig meine Tante Milla, die als die Urheberin all dieser Erscheinungen bezeichnet werden muß, erfreut sich bester Gesundheit, lächelt, ist wohl und heiter, wie sie es fast immer war. Ihre Frische und Munterkeit beginnen jetzt langsam uns aufzuregen, nachdem uns ihr Wohlergehen lange Zeit so sehr am Herzen

---

[9] sind ... in einer Weise ins Kraut geschossen (*have grown so wildly*) *have got so out of hand.*   [10] wie wir ihnen Einhalt gebieten sollen *how we are to bring them under control.*   [11] für den ich jederzeit meine Hand ins Feuer gelegt hätte *for whom I would have stood up every time.*

lag.¹² Denn es gab eine Krise in ihrem Leben, die bedenklich zu werden drohte. Gerade darauf muß ich näher eingehen.¹³

¹² nachdem uns ihr Wohlergehen lange Zeit so sehr am Herzen lag *after we had had her well-being at heart for such a long time.*   ¹³ Gerade darauf muß ich näher eingehen *It is this very crisis about which I will have to be more specific.*

2

Es ist einfach, rückwirkend den Herd einer beunruhigenden Entwicklung auszumachen — und merkwürdig, erst jetzt, wo ich es nüchtern betrachte, kommen mir die Dinge, die sich seit fast zwei Jahren bei unseren Verwandten begeben, außergewöhnlich vor.

Wir hätten früher auf die Idee kommen können, es stimme etwas nicht.¹ Tatsächlich, es stimmt etwas nicht, und wenn überhaupt jemals irgend etwas gestimmt hat ² — ich zweifle daran ³ —, hier gehen Dinge vor sich, die mich mit Entsetzen erfüllen.

Tante Milla war in der ganzen Familie von jeher wegen ihrer Vorliebe für die Ausschmückung des Weihnachtsbaumes bekannt, eine harmlose, wenn auch spezielle Schwäche, die in unserem Vaterland ziemlich verbreitet ist. Ihre Schwäche wurde allgemein belächelt, und der Widerstand, den Franz von frühester Jugend an gegen diesen ,,Rummel" an den Tag legte,⁴ war immer Gegen-

¹ es stimme etwas nicht *something was wrong.*   ² wenn überhaupt jemals irgend etwas gestimmt hat *if anything has ever been all right.*   ³ ich zweifle daran *I doubt it.*   ⁴ der Widerstand, den Franz . . . gegen diesen ,,Rummel" an den Tag legte *the resistance which Franz . . . exercised against this "fuss."*

stand heftigster Entrüstung, zumal Franz ja sowieso eine beunruhigende Erscheinung war. Er weigerte sich, an der Ausschmückung des Baumes teilzunehmen. Das alles verlief bis zu einem gewissen Zeitpunkt normal. Meine Tante hatte sich daran gewöhnt, daß Franz den Vorbereitungen in der Adventszeit fernblieb, auch der eigentlichen Feier, und erst zum Essen erschien. Man sprach nicht einmal mehr [5] darüber.

Auf die Gefahr hin,[6] mich unbeliebt zu machen, muß ich hier eine Tatsache erwähnen, zu deren Verteidigung ich nur sagen kann, daß sie wirklich eine ist. In den Jahren 1939 bis 1945 hatten wir Krieg. Im Krieg wird gesungen, geschossen, geredet, gekämpft, gehungert und gestorben — und es werden Bomben geschmissen — lauter unerfreuliche Dinge, mit deren Erwähnung ich meine Zeitgenossen in keiner Weise langweilen will. Ich muß sie nur erwähnen, weil der Krieg Einfluß auf die Geschichte hatte, die ich erzählen will. Denn der Krieg wurde von meiner Tante Milla nur registriert als eine Macht, die schon Weihnachten 1939 anfing, ihren Weihnachtsbaum zu gefährden. Allerdings war ihr Weihnachtsbaum von einer besonderen Sensibilität.

Die Hauptattraktion am Weihnachtsbaum meiner Tante Milla waren gläserne Zwerge, die in ihren hocherhobenen Armen einen Korkhammer hielten und zu deren Füßen glockenförmige Ambosse hingen. Unter den Fußsohlen der Zwerge waren Kerzen befestigt, und wenn ein gewisser Wärmegrad erreicht war, geriet ein verborgener Mechanismus in Bewegung, eine hektische Unruhe teilte sich den Zwergenarmen mit, sie schlugen wie irr mit ihren Korkhämmern auf die glockenförmigen Ambosse und riefen so, ein Dutzend an der Zahl, ein konzertantes, elfenhaft feines

---

[5] nicht einmal mehr *not even . . . any longer.*   [6] Auf die Gefahr hin *At the risk of.*

Gebimmel hervor. Und an der Spitze des Tannenbaumes hing ein silbrig gekleideter rotwangiger Engel, der in gewissen Abständen seine Lippen voneinander hob [7] und „Frieden" flüsterte, „Frieden". Das mechanische Geheimnis dieses Engels ist konsequent gehütet worden, mir später erst bekannt geworden, obwohl ich damals fast wöchentlich Gelegenheit hatte, ihn zu bewundern. Außerdem gab es am Tannenbaum meiner Tante natürlich Zuckerkringel, Gebäck, Engelhaar, Marzipanfiguren und — nicht zu vergessen — Lametta,[8] und ich weiß noch, daß die sachgemäße Anbringung des vielfältigen Schmuckes erhebliche Mühe kostete, die Beteiligung aller erforderte und die ganze Familie am Weihnachtsabend vor Nervosität keinen Appetit hatte, die Stimmung dann — wie man so sagt [9] — einfach gräßlich war, ausgenommen bei meinem Vetter Franz, der an diesen Vorbereitungen ja nicht teilgenommen hatte und sich als einziger Braten und Spargel, Sahne und Eis schmecken ließ.[10] Kamen wir dann am zweiten Weihnachtstag [11] zu Besuch und wagten die kühne Vermutung,[12] das Geheimnis des sprechenden Engels beruhe auf demselben Mechanismus, der gewisse Puppen veranlaßt, „Mama" oder „Papa" zu sagen, so ernteten wir nur höhnisches Gelächter.

Nun wird man sich denken können,[13] daß in der Nähe fallende Bomben einen solch sensiblen Baum aufs höchste gefährdeten. Es kam zu schrecklichen Szenen, wenn die Zwerge vom Baum gefallen waren, einmal stürzte sogar der

---

[7] seine Lippen von einander hob *opened his lips.* [8] Zuckerkringel, Gebäck, Engelhaar, Marzipanfiguren und — nicht zu vergessen — Lametta *candy, cookies, angels' hair, marzipan figures, and, not to be forgotten, tinsel.* [9] wie man so sagt *as the saying goes.* [10] sich . . . schmecken ließ *enjoyed.* [11] am zweiten Weihnachtstag (*in Germany, the Christmas holiday is celebrated on both the 25th and 26th of December*). [12] wagten die kühne Vermutung *ventured the shrewd guess.* [13] Nun wird man sich denken können *Now you can imagine.*

Engel. Meine Tante war untröstlich. Sie gab sich unendliche Mühe,[14] nach jedem Luftangriff den Baum komplett wiederherzustellen, ihn wenigstens während der Weihnachtstage zu erhalten. Aber schon im Jahre 1940 war nicht mehr daran zu denken.[15] Wieder auf die Gefahr hin, mich sehr unbeliebt zu machen, muß ich hier kurz erwähnen, daß die Zahl der Luftangriffe auf unsere Stadt tatsächlich erheblich war, von ihrer Heftigkeit ganz zu schweigen.[16] Jedenfalls wurde der Weihnachtsbaum meiner Tante ein Opfer — von anderen Opfern zu sprechen, verbietet mir der rote Faden[17] — der modernen Kriegsführung; fremdländische Ballistiker löschten seine Existenz vorübergehend aus.

Wir alle hatten wirklich Mitleid mit unserer Tante, die eine reizende und liebenswürdige Frau war, außerdem schön. Es tat uns leid,[18] daß sie nach harten Kämpfen, endlosen Disputen, nach Tränen und Szenen sich bereit erklären mußte, für Kriegsdauer auf ihren Baum zu verzichten.

Glücklicherweise — oder soll ich sagen unglücklicherweise? — war dies fast das einzige, was sie vom Krieg zu spüren bekam. Der Bunker, den mein Onkel baute, war einfach bombensicher, außerdem stand jederzeit ein Wagen bereit, meine Tante Milla in Gegenden zu entführen, wo von der unmittelbaren Wirkung des Krieges nichts zu sehen war; es wurde alles getan, um ihr den Anblick der gräßlichen Zerstörungen zu ersparen. Meine beiden Vettern hatten das Glück, den Kriegsdienst nicht in seiner härtesten Form zu erleben. Johannes trat schnell in die Firma meines Onkels ein, die in der Gemüseversorgung unserer

---

[14] Sie gab sich unendliche Mühe *She spared no effort.* [15] war nicht mehr daran zu denken *that was out of the question.* [16] von ihrer Heftigkeit ganz zu schweigen *not to speak of their violence.* [17] der rote Faden *the thread of the story.* [18] Es tat uns leid *We were sorry.*

Stadt eine entscheidende Rolle spielt. Zudem war er gallenleidend. Franz hingegen wurde zwar Soldat, war aber nur mit der Bewachung von Gefangenen betraut,[19] ein Posten, den er zur Gelegenheit nahm,[20] sich auch bei seinen militärischen Vorgesetzten unbeliebt zu machen, indem er Russen und Polen wie Menschen behandelte. Meine Cousine Lucie war damals noch nicht verheiratet und half im Geschäft. Einen Nachmittag in der Woche half sie im freiwilligen Kriegsdienst in einer Hakenkreuzstickerei. Doch will ich hier nicht die politischen Sünden meiner Verwandten aufzählen.

Aufs Ganze gesehen [21] jedenfalls fehlte es weder an Geld noch an Nahrungsmitteln und jeglicher erforderlichen Sicherheit, und meine Tante empfand nur den Verzicht auf ihren Baum als bitter. Mein Onkel Franz, dieser herzensgute Mensch, hat sich fast fünfzig Jahre hindurch [22] erhebliche Verdienste erworben, indem er in tropischen und subtropischen Ländern Apfelsinen und Zitronen aufkaufte und sie gegen einen entsprechenden Aufschlag weiter in den Handel gab.[23] Im Kriege dehnte er sein Geschäft auch auf weniger wertvolles Obst und auf Gemüse aus. Aber nach dem Kriege kamen die erfreulichen Früchte, denen sein Hauptinteresse galt,[24] als Zitrusfrüchte wieder auf und wurden Gegenstand des schärfsten Interesses aller Käuferschichten. Hier gelang es Onkel Franz, sich wieder maßgebend einzuschalten,[25] und er brachte die Bevöl-

---

[19] war aber nur mit der Bewachung von Gefangenen betraut *but the only task entrusted to him was guarding prisoners of war.*   [20] den er zur Gelegenheit nahm *which he used as an opportunity.*   [21] Aufs Ganze gesehen *On the whole.*   [22] fünfzig Jahre hindurch *for fifty years.*   [23] weiter in den Handel gab *resold.*   [24] denen sein Hauptinteresse galt *in which he was primarily interested.*   [25] sich wieder maßgebend einzuschalten (sich einschalten *to inject oneself*) *in becoming again an indispensable middleman.*

kerung in den Genuß von Vitaminen und sich in den eines ansehnlichen Vermögens.[26]

Aber er war fast siebzig, wollte sich nun zur Ruhe setzen,[27] das Geschäft seinem Schwiegersohn übergeben. Da fand jenes Ereignis statt, das wir damals belächelten, das uns heute aber als Ursache der ganzen unseligen Entwicklung erscheint.

Meine Tante Milla fing wieder mit dem Weihnachtsbaum an. Das war an sich harmlos; sogar die Zähigkeit, mit der sie darauf bestand, daß alles „so sein sollte wie früher", entlockte uns nur ein Lächeln.[28] Zunächst bestand wirklich kein Grund, diese Sache allzu ernst zu nehmen.[29] Zwar hatte der Krieg manches zerstört, das wiederherzustellen mehr Sorge bereitete, aber warum — so sagten wir uns — einer charmanten alten Dame diese kleine Freude nehmen?

Jedermann weiß, wie schwer es war, damals Butter und Speck zu bekommen. Aber sogar für meinen Onkel Franz, der über die besten Beziehungen verfügte,[30] war die Beschaffung von Marzipanfiguren, Schokoladenkringeln und Kerzen im Jahre 1945 unmöglich.[31] Erst im Jahre 1946 konnte alles bereitgestellt werden. Glücklicherweise war noch eine komplette Garnitur von Zwergen und Ambossen sowie ein Engel erhalten geblieben.

Ich entsinne mich des Tages noch gut, an dem wir eingeladen waren. Es war im Januar 47, Kälte herrschte draußen.[32] Aber bei meinem Onkel war es warm, und es

[26] er brachte die Bevölkerung in den Genuß von Vitaminen und sich in den eines ansehnlichen Vermögens *he treated the population to the enjoyment of vitamins and himself to a considerable fortune.* [27] wollte sich nun zur Ruhe setzen *wanted to retire now.* [28] entlockte uns nur ein Lächeln *only made us smile.* [29] diese Sache allzu ernst zu nehmen *to take this matter too seriously.* [30] der über die besten Beziehungen verfügte *who had the best connections.* [31] war die Beschaffung ... unmöglich *it was impossible to provide.* [32] Kälte herrschte draußen *it was cold outside.*

herrschte kein Mangel an Eßbarem.³³ Und als die Lampen gelöscht, die Kerzen angezündet waren, als die Zwerge anfingen zu hämmern, der Engel „Frieden" flüsterte, „Frieden", fühlte ich mich lebhaft zurückversetzt in eine Zeit,³⁴ von der ich angenommen hatte, sie sei vorbei.

Immerhin, dieses Erlebnis war, wenn auch überraschend, so doch nicht außergewöhnlich. Außergewöhnlich war, was ich drei Monate später erlebte. Meine Mutter — es war Mitte März geworden — hatte mich hinübergeschickt, nachzuforschen, ob bei Onkel Franz „nichts zu machen"³⁵ sei. Es ging ihr um Obst.³⁶ Ich schlenderte in den benachbarten Stadtteil — die Luft war mild, es dämmerte. Ahnungslos schritt ich an bewachsenen Trümmerhalden und verwilderten Parks vorbei, öffnete das Tor zum Garten meines Onkels, als ich plötzlich bestürzt stehenblieb. In der Stille des Abends war sehr deutlich zu hören, daß im Wohnzimmer meines Onkels gesungen wurde. Singen ist eine gute deutsche Sitte, und es gibt viele Frühlingslieder — hier aber hörte ich deutlich:

„holder Knabe im lockigen Haar . . ." ³⁷

Ich muß gestehen, daß ich verwirrt war. Ich ging langsam näher, wartete das Ende des Liedes ab. Die Vorhänge waren zugezogen, ich beugte mich zum Schlüsselloch. In diesem Augenblick drang das Gebimmel der Zwergenglocken an mein Ohr, und ich hörte deutlich das Flüstern des Engels.

Ich hatte nicht den Mut, einzudringen, und ging langsam nach Hause zurück. In der Familie rief mein Bericht allge-

---

³³ es herrschte kein Mangel an Eßbarem *there was no lack of things to eat.*
³⁴ fühlte ich mich lebhaft zurückversetzt in eine Zeit *I felt vividly carried back to a time.*   ³⁵ ob . . . „nichts zu machen" sei *if I couldn't "pick up something."*   ³⁶ Es ging ihr um Obst *She was keen on getting some fruit.*
³⁷ holder Knabe im lockigen Haar *holy infant so tender and mild.*

meine Belustigung hervor. Aber erst als Franz auftauchte [38] und Näheres berichtete, erfuhren wir, was geschehen war:

Um Mariä Lichtmeß herum,[39] zu der Zeit also, wo man in unseren Landen die Christbäume plündert, sie dann auf den Kehricht wirft, wo sie von nichtsnutzigen Kindern aufgegriffen, durch Asche und sonstigen Unrat geschleift und zu mancherlei Spiel verwendet werden, um Lichtmeß herum war das Schreckliche geschehen. Als mein Vetter Johannes am Abend des Lichtmeßtages, nachdem ein letztes Mal der Baum gebrannt hatte, als Johannes begann, die Zwerge von den Klammern zu lösen, fing meine bis dahin so milde Tante jämmerlich zu schreien an, und zwar so heftig und plötzlich, daß mein Vetter erschrak, die Herrschaft über den leise schwankenden Baum verlor, und schon war es geschehen: es klirrte und klingelte, Zwerge und Glocken, Ambosse und der Spitzenengel, alles stürzte hinunter, und meine Tante schrie.

Sie schrie fast eine Woche. Neurologen wurden herbeitelegraphiert, Psychiater kamen in Taxen herangerast [40] — aber alle, auch Kapazitäten, verließen achselzuckend, ein wenig erschreckt auch, das Haus.

Keiner hatte diesem unerfreulich schrillen Konzert ein Ende bereiten können. Nur die stärksten Mittel brachten einige Stunden Ruhe, doch ist die Dosis Luminal, die man einer Sechzigjährigen täglich verabreichen kann, ohne ihr Leben zu gefährden, leider gering. Es ist aber eine Qual, eine aus allen Leibeskräften [41] schreiende Frau im Hause zu haben: schon am zweiten Tage befand sich die Familie in völliger Auflösung. Auch der Zuspruch des Priesters,

---

[38] auftauchen (*literally, to emerge*) *to appear.*   [39] Um Mariä Lichtmeß herum *Around Candlemas Day (February 2).*   [40] kamen in Taxen herangerast *came rushing in taxicabs.*   [41] aus allen Leibeskräften *at the top of her voice.*

der am heiligen Abend [42] der Feier beizuwohnen pflegte, blieb vergeblich: meine Tante schrie.

Franz machte sich besonders unbeliebt, weil er riet, einen regelrechten Exorzismus anzuwenden. Der Pfarrer schalt ihn, die Familie war bestürzt über seine mittelalterlichen Anschauungen, der Ruf seiner Brutalität überwog für einige Wochen seinen Ruf als Faustkämpfer.

Inzwischen wurde alles versucht, meine Tante aus ihrem Zustand zu erlösen. Sie verweigerte die Nahrung, sprach nicht, schlief nicht; man wandte kaltes Wasser an, heißes, Fußbäder, Wechselbäder, die Ärzte schlugen in Lexika nach, suchten nach dem Namen dieses Komplexes, fanden ihn nicht. Und meine Tante schrie. Sie schrie so lange, bis mein Onkel Franz — dieser wirklich herzensgute Mensch — auf die Idee kam, einen neuen Tannenbaum aufzustellen.

[42] am heiligen Abend *on Christmas Eve.*

3

Die Idee war ausgezeichnet, aber sie auszuführen, erwies sich als äußerst schwierig. Es war fast Mitte Februar geworden, und es ist verhältnismäßig schwer, um diese Zeit einen diskutablen Tannenbaum auf dem Markt zu finden. Die gesamte Geschäftswelt hat sich längst — mit erfreulicher Schnelligkeit übrigens — auf andere Dinge eingestellt. Karneval ist nahe: Masken und Pistolen, Cowboyhüte und verrückte Kopfbedeckungen für Czardasfürstinnen füllen die Schaufenster, in denen man sonst Engel und Engelhaar, Kerzen und Krippen hat bewundern können. Die Zuckerwarenläden haben längst den Weihnachtskrempel in ihre Lager zurücksortiert, während Knallbonbons nun ihre Fenster zieren. Jedenfalls, Tannenbäume gibt es um diese Zeit auf dem regulären Markt nicht.

Es wurde schließlich eine Expedition raublustiger Enkel mit Taschengeld und einem scharfen Beil ausgerüstet: sie fuhren in den Staatsforst und kamen gegen Abend, offenbar in bester Stimmung, mit einer Edeltanne zurück. Aber inzwischen war festgestellt worden, daß vier Zwerge, sechs glockenförmige Ambosse und der Spitzenengel völlig zerstört waren. Die Marzipanfiguren und das Gebäck waren raublustigen Enkeln zum Opfer gefallen.[1] Auch diese Generation, die dort heranwächst, taugt nichts, und wenn je eine Generation etwas getaugt hat — ich zweifle daran —, so komme ich doch zu der Überzeugung,[2] daß es die Generation unserer Väter war.

Obwohl es an Barmitteln, auch an den nötigen Beziehungen nicht fehlte, dauerte es weitere vier Tage,[3] bis die Ausrüstung komplett war. Währenddessen schrie meine Tante ununterbrochen. Telegramme an die deutschen Spielzeugzentren, die gerade im Aufbau begriffen waren,[4] wurden durch den Äther gejagt, Blitzgespräche geführt,[5] von jungen erhitzten Postgehilfen wurden in der Nacht Expreßpakete angebracht, durch Bestechung wurde kurzfristig eine Einfuhrgenehmigung aus der Tschechoslowakei durchgesetzt.

Diese Tage werden in der Chronik der Familie meines Onkels als Tage mit außerordentlich hohem Verbrauch

---

[1] waren ... zum Opfer gefallen *had fallen victim to.*   [2] komme ich doch zu der Überzeugung *I am led to the conviction.*   [3] dauerte es weitere vier Tage *it took four more days.*   [4] die gerade im Aufbau begriffen waren *which were just being reconstructed.*   [5] Blitzgespräche (wurden) geführt *urgent calls were made.*

an Kaffee, Zigaretten und Nerven erhalten bleiben.[6] Inzwischen fiel meine Tante zusammen: ihr rundliches Gesicht wurde hart und eckig, der Ausdruck der Milde wich dem einer unnachgiebigen Strenge, sie aß nicht, trank nicht, schrie dauernd, wurde von zwei Krankenschwestern bewacht, und die Dosis Luminal mußte täglich erhöht werden.

Franz erzählte uns, daß in der ganzen Familie eine krankhafte Spannung geherrscht habe,[7] als endlich am 12. Februar die Tannenbaumausrüstung wieder vollständig war. Die Kerzen wurden entzündet, die Vorhänge zugezogen, meine Tante wurde aus dem Krankenzimmer herübergebracht, und man hörte unter den Versammelten nur Schluchzen und Kichern. Der Gesichtsausdruck meiner Tante milderte sich schon im Schein der Kerzen, und als deren Wärme den richtigen Grad erreicht hatte,[8] die Glasburschen wie irr zu hämmern anfingen, schließlich auch der Engel „Frieden" flüsterte, „Frieden", ging ein wunderschönes Lächeln über ihr Gesicht,[9] und kurz darauf stimmte die ganze Familie das Lied „O Tannenbaum" an. Um das Bild zu vervollständigen, hatte man auch den Pfarrer eingeladen, der ja üblicherweise den heiligen Abend bei Onkel Franz zu verbringen pflegte; auch er lächelte, auch er war erleichtert und sang mit.

Was kein Test, kein tiefenpsychologisches Gutachten, kein fachmännisches Aufspüren verborgener Traumata vermocht hatte: das fühlende Herz meines Onkels hatte das Richtige getroffen.[10] Die Tannenbaumtherapie dieses herzensguten Menschen hatte die Situation gerettet.

---

[6] werden ... erhalten bleiben *will be recorded*.   [7] daß in der ganzen Familie eine krankhafte Spannung geherrscht habe *that an unnatural tension had been gripping the whole family*.   [8] als deren Wärme den richtigen Grad erreicht hatte *when their glow had reached the proper temperature*.   [9] ging ein wunderschönes Lächeln über ihr Gesicht *a blissful smile lightened her face*.   [10] hatte das Richtige getroffen *had come up with the right thing*.

Meine Tante war beruhigt und fast — so hoffte man damals — geheilt, und nachdem man einige Lieder gesungen, einige Schüsseln Gebäck geleert hatte, war man müde und zog sich zurück, und siehe da: [11] meine Tante schlief ohne jedes Beruhigungsmittel. Die beiden Krankenschwestern wurden entlassen, die Ärzte zuckten die Schultern, und alles schien in Ordnung zu sein. Meine Tante aß wieder, trank wieder, war wieder liebenswürdig und milde.

Aber am Abend darauf,[12] als die Dämmerstunde nahte, saß mein Onkel zeitunglesend neben seiner Frau unter dem Baum, als diese plötzlich sanft seinen Arm berührte und zu ihm sagte: „So wollen wir denn die Kinder zur Feier rufen, ich glaube, es ist Zeit." Mein Onkel gestand uns später, daß er erschrak, aber aufstand, um in aller Eile seine Kinder und Enkel zusammenzurufen und einen Boten zum Pfarrer zu schicken. Der Pfarrer erschien, etwas abgehetzt und erstaunt, aber man zündete die Kerzen an, ließ die Zwerge hämmern, den Engel flüstern, man sang, aß Gebäck — und alles schien in Ordnung zu sein.

---

[11] siehe da *behold*.   [12] am Abend darauf *the following evening*.

4

Nun ist die gesamte Vegetation gewissen biologischen Gesetzen unterworfen, und Tannenbäume, dem Mutterboden entrissen, haben bekanntlich die verheerende Neigung, Nadeln zu verlieren, besonders, wenn sie in warmen Räumen stehen, und bei meinem Onkel war es warm.

18 - Heinrich Böll

Die Lebensdauer der Edeltanne ist etwas länger als die der gewöhnlichen, wie die bekannte Arbeit „abies vulgaris und abies nobilis"[1] von Dr. Hergenring ja bewiesen hat. Doch auch die Lebensdauer der Edeltanne ist nicht unbeschränkt. Schon als Karneval nahte, zeigte es sich, daß man versuchen mußte, meiner Tante neuen Schmerz zu bereiten: der Baum verlor rapide an Nadeln, und beim abendlichen Singen der Lieder wurde ein leichtes Stirnrunzeln bei meiner Tante bemerkt. Auf Anraten eines wirklich hervorragenden Psychologen wurde nun der Versuch unternommen,[2] in leichtem Plauderton von einem möglichen Ende der Weihnachtszeit zu sprechen, zumal die Bäume schon angefangen hatten, auszuschlagen,[3] was ja allgemein als ein Zeichen des herannahenden Frühlings gilt, während man in unseren Breiten[4] mit dem Wort Weihnachten unbedingt winterliche Vorstellungen[5] verbindet. Mein sehr geschickter Onkel schlug eines Abends vor, die Lieder „Alle Vögel sind schon da" und „Komm, lieber Mai, und mache"[6] anzustimmen, doch schon beim ersten Vers des erstgenannten Liedes machte meine Tante ein derart finsteres Gesicht, daß man sofort abbrach und „O Tannenbaum" intonierte. Drei Tage später wurde mein Vetter Johannes beauftragt, einen milden Plünderungszug zu unternehmen, aber schon, als er seine Hände ausstreckte und einem der Zwerge den Korkhammer nahm, brach meine Tante in so heftiges Geschrei aus,[7] daß man

---

[1] abies vulgaris, abies nobilis (*Latin*) *common fir, silver fir.* [2] wurde nun der Versuch unternommen *the attempt was now made.* [3] zumal die Bäume schon angefangen hatten, auszuschlagen *especially since the trees had already begun to sprout.* [4] in unseren Breiten *in our climate.* [5] winterliche Vorstellungen *the idea of winter.* [6] Alle Vögel sind schon da (*All the birds are here again*) and Komm, lieber Mai und mache (*Come, dear May, and make* [*the trees green again*]) *are popular spring songs.* [7] brach meine Tante in so heftiges Geschrei aus *my aunt began screaming so violently.*

den Zwerg sofort wieder komplettierte, die Kerzen anzündete und etwas hastig, aber sehr laut in das Lied „Stille Nacht" ausbrach.

Aber die Nächte waren nicht mehr still; singende Gruppen jugendlicher Trunkenbolde durchzogen die Stadt mit Trompeten und Trommeln, alles war mit Luftschlangen und Konfetti bedeckt, maskierte Kinder bevölkerten tagsüber die Straßen, schossen, schrien, manche sangen auch, und einer privaten Statistik zufolge gab es mindestens sechzigtausend Cowboys und vierzigtausend Czardasfürstinnen in unserer Stadt: kurzum, es war Karneval, ein Fest, das man bei uns mit ebensolcher, fast mit mehr Heftigkeit zu feiern gewohnt ist als Weihnachten. Aber meine Tante schien blind und taub zu sein: sie bemängelte karnevalistische Kleidungsstücke, wie sie um diese Zeit in den Garderoben unserer Häuser unvermeidlich sind; mit trauriger Stimme beklagte sie das Sinken der Moral, da man nicht einmal an den Weihnachtstagen in der Lage sei, von diesem unsittlichen Treiben zu lassen, und als sie im Schlafzimmer meiner Cousine einen Luftballon entdeckte, der zwar eingefallen war, aber noch deutlich einen mit weißer Farbe aufgemalten Narrenhut zeigte, brach sie in Tränen aus und bat meinen Onkel, diesem unheiligen Treiben Einhalt zu gebieten.

Mit Schrecken mußte man feststellen, daß meine Tante sich wirklich in dem Wahn befand, es sei „Heiliger Abend". Mein Onkel berief jedenfalls eine Familienversammlung ein, bat um Schonung für seine Frau, Rücksichtnahme auf ihren merkwürdigen Geisteszustand, und rüstete zunächst wieder eine Expedition aus, um wenigstens den Frieden des abendlichen Festes garantiert zu wissen.[8]

Während meine Tante schlief, wurde der Schmuck vom

---

[8] um wengistens den Frieden des abendlichen Festes garantiert zu wissen
to secure, at least, a peaceful celebration in the evening.

alten Baum ab und auf den neuen montiert,⁹ und ihr Zustand blieb erfreulich.

⁹ wurde der Schmuck vom alten Baum ab und auf den neuen montiert *the ornaments were taken from the old tree and fastened to the new one.*

5

Aber auch der Karneval ging vorüber, der Frühling kam wirklich, statt des Liedes „Komm, lieber Mai" hätte man schon singen können „Lieber Mai, du bist gekommen". Es wurde Juni. Vier Tannenbäume waren schon verschlissen, und keiner der neuerlich zugezogenen Ärzte konnte Hoffnung auf Besserung geben. Meine Tante blieb fest. Sogar der als internationale Kapazität bekannte Dr. Bless hatte sich achselzuckend wieder in sein Studierzimmer zurückgezogen, nachdem er als Honorar die Summe von 1365 Mark kassiert hatte, womit er zum wiederholten Male seine Weltfremdheit bewies. Einige weitere sehr vage Versuche, die Feier abzubrechen oder ausfallen zu lassen, wurden mit solchem Geschrei von seiten meiner Tante quittiert,¹ daß man von derlei Sakrilegien endgültig Abstand nehmen mußte.²

Das Schreckliche war, daß meine Tante darauf bestand, alle ihr nahestehenden Personen müßten anwesend sein. Zu diesen gehörte auch der Pfarrer und die Enkelkinder. Selbst die Familienmitglieder waren nur mit äußerster Strenge zu veranlassen, pünktlich zu erscheinen, aber mit

¹ wurden mit solchem Geschrei von seiten meiner Tante quittiert *were received by my aunt with such screams.* ² Abstand nehmen mußte *had to refrain from.*

dem Pfarrer wurde es schwierig. Einige Wochen hielt er zwar ohne Murren mit Rücksicht auf seine alte Pönitentin durch, aber dann versuchte er unter verlegenem Räuspern,[3] meinem Onkel klarzumachen, daß es so nicht weiterging. Die eigentliche Feier war zwar kurz — sie dauerte etwa achtunddreißig Minuten — aber selbst diese kurze Zeremonie sei auf die Dauer nicht durchzuhalten, behauptete der Pfarrer. Er habe andere Verpflichtungen, abendliche Zusammenkünfte mit seinen Konfratres,[4] seelsorgerische Aufgaben, ganz zu schweigen vom samstäglichen Beichthören.[5] Immerhin hatte er einige Wochen Terminverschiebungen in Kauf genommen,[6] aber gegen Ende Juni fing er an, energisch Befreiung zu erheischen. Franz wütete in der Familie herum, suchte Komplizen für seinen Plan, die Mutter in eine Anstalt zu bringen, stieß aber überall auf Ablehnung.

Jedenfalls: es machten sich Schwierigkeiten bemerkbar. Eines Abends fehlte der Pfarrer, war weder telephonisch noch durch einen Boten aufzutreiben, und es wurde klar, daß er sich einfach gedrückt hatte.[7] Mein Onkel fluchte fürchterlich, er nahm dieses Ereignis zum Anlaß, die Diener der Kirche mit Worten zu bezeichnen, die zu wiederholen ich mich weigern muß. In alleräußerster Not wurde einer der Kapläne, ein Mensch einfacher Herkunft, gebeten, auszuhelfen. Er tat es, benahm sich aber so fürchterlich, daß es fast zur Katastrophe gekommen wäre. Immerhin, man muß bedenken, es war Juni, also heiß, trotzdem waren die Vorhänge zugezogen, um winterliche

---

[3] unter verlegenem Räuspern *with an embarrassed cough.* [4] Zusammenkünfte mit seinen Konfratres *meetings with his fellow priests.* [5] ganz zu schweigen vom samstäglichen Beichthören *not to mention taking confession on Saturdays.* [6] hatte er einige Wochen Terminverschiebungen in Kauf genommen *he had reconciled himself to postponing the deadline for a few weeks.* [7] daß er sich einfach gedrückt hatte *that he was simply playing hooky.*

Dunkelheit wenigstens vorzutäuschen,[8] außerdem brannten Kerzen. Dann ging die Feier los; der Kaplan hatte zwar von diesem merkwürdigen Ereignis schon gehört, aber keine rechte Vorstellung davon.[9] Zitternd stellte man meiner Tante den Kaplan vor, er vertrete den Pfarrer. Unerwarteterweise nahm sie die Veränderung des Programms hin. Also: die Zwerge hämmerten, der Engel flüsterte, es wurde „O Tannenbaum" gesungen, dann aß man Gebäck, sang noch einmal das Lied, und plötzlich bekam der Kaplan einen Lachkrampf. Später hat er gestanden, die Stelle „... nein, auch im Winter, wenn es schneit" habe er einfach nicht ohne zu lachen ertragen können. Er plusterte mit klerikaler Albernheit los, verließ das Zimmer und ward nicht mehr gesehen. Alles blickte gespannt auf meine Tante, doch die sagte nur resigniert etwas vom „Proleten im Priestergewande" und schob sich ein Stück Marzipan in den Mund. Auch wir erfuhren damals von diesem Vorfall mit Bedauern — doch bin ich heute geneigt, ihn als einen Ausbruch natürlicher Heiterkeit zu bezeichnen.

Ich muß hier — wenn ich der Wahrheit die Ehre lassen will [10] — einflechten, daß mein Onkel seine Beziehungen zu den höchsten Verwaltungsstellen der Kirche ausgenutzt hat, um sich sowohl über den Pfarrer wie den Kaplan zu beschweren. Die Sache wurde mit äußerster Korrektheit angefaßt, ein Prozeß wegen Vernachlässigung seelsorgerischer Pflichten wurde angestrengt, der in erster Instanz von den beiden Geistlichen gewonnen wurde. Ein zweites Verfahren schwebt noch.[11]

---

[8] um winterliche Dunkelheit wenigstens vorzutäuschen *to give at least the illusion of winter darkness.*   [9] aber keine rechte Vorstellung davon *but had not quite visualized it.*   [10] wenn ich der Wahrheit die Ehre lassen will *in justice to truth.*   [11] Ein zweites Verfahren schwebt noch *A second lawsuit is still pending.*

Zum Glück fand man einen pensionierten Prälaten, der in der Nachbarschaft wohnte. Dieser reizende alte Herr erklärte sich mit liebenswürdiger Selbstverständlichkeit [12] bereit, sich zur Verfügung zu halten und täglich die abendliche Feier zu vervollständigen. Doch ich habe vorgegriffen. Mein Onkel Franz, der nüchtern genug war, zu erkennen, daß keinerlei ärztliche Hilfe zum Ziel gelangen würde,[13] sich auch hartnäckig weigerte, einen Exorzismus zu versuchen, war Geschäftsmann genug, sich nun auf Dauer einzustellen [14] und die wirtschaftlichste Art herauszukalkulieren. Zunächst wurden schon Mitte Juni die Enkelexpeditionen eingestellt, weil sich herausstellte, daß sie zu teuer wurden. Mein findiger Vetter Johannes, der zu allen Kreisen der Geschäftswelt die besten Beziehungen unterhält, spürte den Tannenbaum-Frischdienst der Firma Söderbaum [15] auf, eines leistungsfähigen Unternehmens, das sich nun schon fast zwei Jahre um die Nerven meiner Verwandtschaft hohe Verdienste erworben hat.[16] Nach einem halben Jahr schon wandelte die Firma Söderbaum die Lieferung des Baumes in ein wesentlich verbilligtes Abonnement um und erklärte sich bereit, die Lieferfrist von ihrem Nadelbaumspezialisten, Dr. Alfast, genauestens festlegen zu lassen, so daß schon drei Tage, bevor der alte Baum indiskutabel wird, der neue anlangt und mit Muße geschmückt werden kann. Außerdem werden vorsichtshalber zwei Dutzend Zwerge auf Lager gehalten, und drei Spitzenengel sind in Reserve gelegt.

[12] mit liebenswürdiger Selbstverständlichkeit *as a matter of natural courtesy.*
[13] daß keinerlei ärztliche Hilfe zum Ziel gelangen würde *that no medical help would be effective.* [14] sich nun auf Dauer einzustellen *to adjust now to a long-run situation.* [15] spürte den Tannenbaum-Frischdienst der Firma Söderbaum auf *discovered Söderbaum's fresh-fir-tree service.* [16] das sich nun schon fast zwei Jahre um die Nerven meiner Verwandtschaft hohe Verdienste erworben hat *which has for almost two years deserved well of the nerves of my family.*

Ein wunder Punkt sind bis heute die Süßigkeiten geblieben. Sie zeigen die verheerende Neigung, vom Baume schmelzend herunterzutropfen, schneller und endgültiger als schmelzendes Wachs. Jedenfalls in den Sommermonaten. Jeder Versuch, sie durch geschickt getarnte Kühlvorrichtungen in weihnachtlicher Starre zu erhalten, ist bisher gescheitert, ebenso eine Versuchsreihe, die begonnen wurde, um die Möglichkeiten der Präparierung eines Baumes zu prüfen. Doch ist die Familie für jeden fortschrittlichen Vorschlag, der geeignet ist, dieses stetige Fest zu verbilligen, dankbar und aufgeschlossen.

6

Inzwischen haben die abendlichen Feiern im Hause meines Onkels eine fast professionelle Starre angenommen: man versammelt sich unter dem Baum oder um den Baum herum. Meine Tante kommt herein, man entzündet die Kerzen, die Zwerge beginnen zu hämmern und der Engel flüstert „Frieden, Frieden", dann singt man einige Lieder, knabbert Gebäck, plaudert ein wenig und zieht sich gähnend mit dem Glückwunsch „Frohes Fest auch"[1] zurück — und die Jugend gibt sich den jahreszeitlich bedingten Vergnügungen hin,[2] während mein herzensguter Onkel Franz mit Tante Milla zu Bett geht. Kerzenrauch bleibt im Raum, der sanfte Geruch erhitzter Tannenzweige und das Aroma von Spezereien. Die

---

[1] Frohes Fest auch *And a Merry Christmas*.   [2] gibt sich den jahreszeitlich bedingten Vergnügungen hin *indulge in forms of entertainment appropriate to the season*.

Zwerge, ein wenig phosphoreszierend, bleiben starr in der Dunkelheit stehen, die Arme bedrohlich erhoben, und der Engel läßt sein silbriges, offenbar ebenfalls phosphoreszierendes Gewand sehen.

Es erübrigt sich vielleicht,³ festzustellen, daß die Freude am wirklichen Weihnachtsfest in unserer gesamten Verwandtschaft erhebliche Einbuße erlitten hat: ⁴ wir können, wenn wir wollen, bei unserem Onkel jederzeit einen klassischen Weihnachtsbaum bewundern — und es geschieht oft, wenn wir sommers auf der Veranda sitzen und uns nach des Tages Last und Müh ⁵ Onkels milde Apfelsinenbowle in die Kehle gießen, daß von drinnen der sanfte Klang gläserner Glocken kommt, und man kann im Dämmer die Zwerge wie flinke kleine Teufelchen herumhämmern sehen, während der Engel „Frieden" flüstert, „Frieden". Und immer noch kommt es uns befremdlich vor,⁶ wenn mein Onkel mitten im Sommer seinen Kindern plötzlich zuruft: „Macht bitte den Baum an, Mutter kommt gleich." Dann tritt, meist pünktlich, der Prälat ein, ein milder alter Herr, den wir alle in unser Herz geschlossen haben,⁷ weil er seine Rolle vorzüglich spielt, wenn er überhaupt weiß, daß er eine und welche er spielt. Aber gleichgültig: er spielt sie, weißhaarig, lächelnd, und der violette Rand unterhalb seines Kragens gibt seiner Erscheinung den letzten Hauch von Vornehmheit.⁸ Und es ist ein ungewöhnliches Erlebnis, in lauen Sommernächten den erregten Ruf zu hören: „Das Löschhorn, schnell, wo ist das Löschhorn?" Es ist schon vorgekommen, daß während eines heftigen Gewitters die Zwerge sich plötzlich bewogen fühlten, ohne

---

³ Es erübrigt sich vielleicht *It is perhaps unnecessary.* ⁴ erhebliche Einbuße erlitten hat *has been considerably lessened.* ⁵ nach des Tages Last und Müh *after a hard day's work.* ⁶ Und immer noch kommt es uns befremdlich vor *And we still think it strange.* ⁷ den wir alle in unser Herz geschlossen haben *who has become very dear to all of us.* ⁸ den letzten Hauch von Vornehmheit *the last touch of distinction.*

Hitzeeinwirkung die Arme zu erheben und sie wild zu schwingen, gleichsam ein Extrakonzert zu geben, eine Tatsache, die man ziemlich phantasielos mit dem trockenen Wort Elektrizität zu deuten versuchte.

Eine nicht ganz unwesentliche Seite dieses Arrangements ist die finanzielle. Wenn auch in unserer Familie im allgemeinen kein Mangel an Barmitteln herrscht,[9] solch außergewöhnliche Ausgaben stürzen die Kalkulation um. Denn trotz aller Vorsicht ist natürlich der Verschleiß an Zwergen, Ambossen und Hämmern enorm, und der sensible Mechanismus, der den Engel zu einem sprechenden macht, bedarf der stetigen Sorgfalt und Pflege und muß hin und wieder erneuert werden. Ich habe das Geheimnis übrigens inzwischen entdeckt: der Engel ist durch ein Kabel mit einem Mikrophon im Nebenzimmer verbunden, vor dessen Metallschnauze sich eine ständig rotierende Schallplatte befindet, die, mit gewissen Pausen dazwischen, „Frieden" flüstert, „Frieden". Alle diese Dinge sind um so kostspieliger, als sie für den Gebrauch an nur wenigen Tagen des Jahres erdacht sind, nun aber das ganze Jahr strapaziert werden. Ich war erstaunt, als mein Onkel mir eines Tages erklärte, daß die Zwerge tatsächlich alle drei Monate erneuert werden müssen, und daß ein kompletter Satz nicht weniger als 128 Mark kostet. Er habe einen befreundeten Ingenieur gebeten, sie durch einen Kautschuküberzug zu verstärken, ohne jedoch ihre Klangschönheit zu beeinträchtigen. Dieser Versuch ist gescheitert. Der Verbrauch an Kerzen, Spekulatius, Marzipan, das Baumabonnement, Arztrechnungen und die vierteljährliche Aufmerksamkeit, die man dem Prälaten zukommen lassen muß, alles zusammen, sagte mein Onkel, komme ihn täglich im Durchschnitt auf elf Mark, ganz zu schweigen

---

[9] im allgemeinen kein Mangel an Barmitteln herrscht *there is usually no lack of money.*

von [10] dem Verschleiß an Nerven und von sonstigen gesundheitlichen Störungen, die damals anfingen, sich bemerkbar zu machen. Doch war das im Herbst, und man schrieb die Störungen einer gewissen herbstlichen Sensibilität zu, wie sie ja allgemein beobachtet wird.

[10] ganz zu schweigen von *not to mention*.

7

Das wirkliche Weihnachtsfest verlief ganz normal. Es ging etwas wie ein Aufatmen durch die Familie meines Onkels, da man auch andere Familien nun unter Weihnachtsbäumen versammelt sah, andere auch singen und Spekulatius essen mußten. Aber die Erleichterung dauerte nur so lange an, wie die weihnachtliche Zeit dauerte. Schon Mitte Januar brach bei meiner Cousine Lucie ein merkwürdiges Leiden aus: beim Anblick der Tannenbäume, die auf den Straßen und Trümmerhaufen herumlagen, brach sie in ein hysterisches Geschluchze aus. Dann hatte sie einen regelrechten Anfall von Wahnsinn, den man als Nervenzusammenbruch zu kaschieren versuchte.[1] Sie schlug einer Freundin, bei der sie zum Kaffeeklatsch war, die Schüssel aus der Hand, als diese ihr milde lächelnd Spekulatius anbot. Meine Cousine ist allerdings das, was man eine temperamentvolle Frau nennt; sie schlug also ihrer Freundin die Schüssel aus der Hand, nahte sich dann deren Weihnachtsbaum, riß ihn vom Ständer und trampelte

[1] den man als Nervenzusammenbruch zu kaschieren versuchte *which they tried to camouflage as a nervous breakdown*.

auf Glaskugeln, künstlichen Pilzen, Kerzen und Sternen herum, während ein anhaltendes Gebrüll ihrem Munde entströmte. Die versammelten Damen entflohen, einschließlich der Hausfrau, man ließ Lucie toben, wartete in der Diele auf den Arzt, gezwungen, zuzuhören, wie drinnen Porzellan zerschlagen wurde. Es fällt mir schwer,[2] aber ich muß hier berichten, daß Lucie in einer Zwangsjacke abtransportiert wurde.

Anhaltende hypnotische Behandlung brachte das Leiden zwar zum Stillstand, aber die eigentliche Heilung ging nur sehr langsam vor sich. Vor allem schien ihr die Befreiung von der abendlichen Feier, die der Arzt erzwang, zusehends wohlzutun; nach einigen Tagen schon begann sie aufzublühen. Schon nach zehn Tagen konnte der Arzt riskieren, mit ihr über Spekulatius wenigstens zu reden, ihn zu essen, weigerte sie sich jedoch hartnäckig. Dem Arzt kam dann die geniale Idee, sie mit sauren Gurken zu füttern, ihr Salate und kräftige Fleischspeisen anzubieten. Das war wirklich die Rettung für die arme Lucie.[3] Sie lachte wieder, und sie begann die endlosen therapeutischen Unterredungen, die ihr Arzt mit ihr pflegte,[4] mit ironischen Bemerkungen zu würzen.

Zwar war die Lücke, die durch ihr Fehlen bei der abendlichen Feier entstand, schmerzlich für meine Tante, wurde aber durch einen Umstand erklärt, der für alle Frauen als hinlängliche Entschuldigung gelten kann,[5] durch Schwangerschaft.

Aber Lucie hatte das geschaffen, was man einen Präzedenzfall nennt: sie hatte bewiesen, daß die Tante zwar

---

[2] Es fällt mir schwer, aber *It is painful for me to do so, but.*   [3] Das war wirklich die Rettung für die arme Lucie *This was what really cured poor Lucie.*   [4] die ihr Arzt mit ihr pflegte *which her doctor would have with her.*   [5] der für alle Frauen als hinlängliche Entschuldigung gelten kann *which may serve as adequate excuse for all women.*

litt, wenn jemand fehlte, aber nicht sofort zu schreien begann, und mein Vetter Johannes und sein Schwager Karl versuchten nun, die strenge Disziplin zu durchbrechen, indem sie Krankheit vorschützten, geschäftliche Verhinderung oder andere, recht durchsichtige Gründe angaben. Doch blieb mein Onkel hier erstaunlich hart: mit eiserner Strenge setzte er durch, daß nur in Ausnahmefällen Atteste eingereicht, sehr kurze Beurlaubungen beantragt werden konnten. Denn meine Tante merkte jede weitere Lücke sofort und brach in stilles, aber anhaltendes Weinen aus,[6] was zu den bittersten Bedenken Anlaß gab.

Nach vier Wochen kehrte auch Lucie zurück und erklärte sich bereit, an der täglichen Zeremonie wieder teilzunehmen, doch hat ihr Arzt durchgesetzt, daß für sie ein Glas Gurken und ein Teller mit kräftigen Butterbroten bereitgehalten wird, da sich ihr Spekulatiustrauma als unheilbar erwies. So waren eine Zeitlang durch meinen Onkel alle Disziplinschwierigkeiten aufgehoben, der hier eine unerwartete Härte bewies.

[6] **brach in stilles, aber anhaltendes Weinen aus** *began to cry softly, but without stopping;*

8

Schon kurz nach dem ersten Jahrestag der ständigen Weihnachtsfeier gingen beunruhigende Gerüchte um: mein Vetter Johannes sollte sich von einem befreundeten Arzt ein Gutachten haben ausstellen lassen, auf wie lange wohl die Lebenszeit meiner Tante noch zu bemessen wäre, ein wahrhaft finsteres Gerücht, das ein bedenkliches Licht auf eine allabendlich friedlich versammelte Familie wirft.

Das Gutachten soll vernichtend für Johannes gewesen sein. Sämtliche Organe meiner Tante, die zeitlebens sehr solide war, sind völlig intakt, die Lebensdauer ihres Vaters hat achtundsiebzig, die ihrer Mutter sechsundachtzig Jahre betragen. Meine Tante selbst ist zweiundsechzig, und so besteht kein Grund, ihr ein baldiges seliges Ende zu prophezeien. Noch weniger, so finde ich, es ihr zu wünschen. Als meine Tante dann mitten im Sommer einmal erkrankte — Erbrechen und Durchfall suchten diese arme Frau heim —, wurde gemunkelt, sie sei vergiftet worden, aber ich erkläre hier ausdrücklich, daß dieses Gerücht einfach eine Erfindung übelmeinender Verwandter ist. Es ist eindeutig erwiesen, daß es sich um eine Infektion handelte, die von einem Enkel eingeschleppt wurde. Analysen, die mit den Exkrementen meiner Tante vorgenommen wurden, ergaben aber auch nicht die geringste Spur von Gift.

Im gleichen Sommer zeigten sich bei Johannes die ersten gesellschaftsfeindlichen Bestrebungen: er trat aus seinem Gesangverein aus, erklärte, auch schriftlich, daß er an der Pflege des Deutschen Liedes nicht mehr teilzunehmen gedenke. Allerdings, ich darf hier einflechten, daß er immer, trotz des akademischen Grades, den er errang, ein ungebildeter Mensch war. Für die „Virhymnia"[1] war es ein großer Verlust, auf seinen Baß verzichten zu müssen.

Mein Schwager Karl fing an, sich heimlich mit Auswanderungsbüros in Verbindung zu setzen. Das Land seiner Träume mußte besondere Eigenschaften haben: es durften dort keine Tannenbäume gedeihen, deren Import mußte verboten oder durch hohe Zölle unmöglich gemacht sein; außerdem — das seiner Frau wegen — mußte dort das Geheimnis der Spekulatiusherstellung unbekannt sein und das Singen deutscher Weihnachtslieder einem Verbot

[1] Virhymnia (*name of the glee club*).

unterliegen. Karl erklärte sich bereit, harte körperliche Arbeit auf sich zu nehmen.

Inzwischen sind seine Versuche vom Fluche der Heimlichkeit befreit, weil sich auch in meinem Onkel eine vollkommene und sehr plötzliche Wandlung vollzogen hat. Diese geschah auf so unerfreulicher Ebene, daß wir wirklich Grund hatten, zu erschrecken. Dieser biedere Mensch, von dem ich nur sagen kann, daß er ebenso hartnäckig wie herzensgut ist, wurde auf Wegen beobachtet, die einfach unsittlich sind, es auch bleiben werden, solange die Welt besteht. Es sind von ihm Dinge bekannt geworden, auch durch Zeugen belegt, auf die nur das Wort Ehebruch angewandt werden kann. Und das Schrecklichste ist, er leugnet es schon nicht mehr, sondern stellt für sich den Anspruch, in Verhältnissen und Bedingungen zu leben, die moralische Sondergesetze berechtigt erscheinen lassen müßten.[2] Ungeschickterweise[3] wurde diese plötzliche Wandlung gerade zu dem Zeitpunkt offenbar, wo der zweite Termin gegen die beiden Geistlichen seiner Pfarre fällig geworden war.[4] Onkel Franz muß als Zeuge, als verkappter Kläger einen solch minderwertigen Eindruck gemacht haben, daß es ihm allein zuzuschreiben ist, wenn auch der zweite Termin günstig für die beiden Geistlichen auslief. Aber das alles ist Onkel Franz inzwischen gleichgültig geworden: bei ihm ist der Verfall komplett, schon vollzogen.

Er war auch der erste, der die gräßliche Idee hatte, sich von einem Schauspieler bei der abendlichen Feier vertreten zu lassen. Er hatte einen arbeitslosen Bonvivant aufgetrieben, der ihn vierzehn Tage lang so vorzüglich nachahmte, daß nicht einmal seine Frau die ausgewechselte Identität bemerkte. Auch seine Kinder bemerkten es nicht.

---

[2] die moralische Sondergesetze berechtigt erscheinen lassen müßten *which should justify special moral laws.* [3] Ungeschickterweise *Unfortunately.*
[4] fällig geworden war *had become due.*

Es war einer der Enkel, der während einer kleinen Singpause plötzlich in den Ruf ausbrach: „Opa hat Ringelsocken an",[5] wobei er triumphierend das Hosenbein des Bonvivants hochhob. Für den armen Künstler muß diese
5 Szene schrecklich gewesen sein, auch die Familie war bestürzt, und um Unheil zu vermeiden, stimmte man, wie so oft schon in peinlichen Situationen, schnell ein Lied an. Nachdem die Tante zu Bett gegangen war, war die Identität des Künstlers schnell festgestellt. Es war das Signal zum
10 fast völligen Zusammenbruch.

[5] Opa hat Ringelsocken an *Grandpa's wearing bobby socks.*

9

Immerhin: man muß bedenken, eineinhalb Jahr ist eine lange Zeit, und der Hochsommer war wieder gekommen, eine Jahreszeit, in der meinen Verwandten die Teilnahme an diesem Spiel am schwersten fällt. Lustlos knabbern sie
15 in dieser Hitze an Printen und Pfeffernüssen, lächeln starr vor sich hin, während sie ausgetrocknete Nüsse knacken, sie hören den unermüdlich hämmernden Zwergen zu und zucken zusammen, wenn der rotwangige Engel über ihre Köpfe hinweg „Frieden" flüstert, „Frieden", aber sie
20 harren aus, während ihnen trotz sommerlicher Kleidung der Schweiß über Hals und Wangen läuft und ihnen die Hemden festkleben. Vielmehr: sie haben ausgeharrt.

Geld spielt vorläufig noch keine Rolle [1] — fast im Ge-

[1] Geld spielt vorläufig noch keine Rolle *For the time being, money does not yet enter into the picture.*

Nicht nur zur Weihnachtszeit - 33

genteil. Man beginnt sich zuzuflüstern,[2] daß Onkel Franz nun auch geschäftlich zu Methoden gegriffen hat, die die Bezeichnung „christlicher Kaufmann" kaum noch zulassen. Er ist entschlossen, keine wesentliche Schwächung des Vermögens zuzulassen, eine Versicherung, die uns zugleich beruhigt und erschreckt.

Nach der Entlarvung des Bonvivants kam es zu einer regelrechten Meuterei, deren Folge ein Kompromiß war: Onkel Franz hat sich bereit erklärt, die Kosten für ein kleines Ensemble zu übernehmen, das ihn, Johannes, meinen Schwager Karl und Lucie ersetzt, und es ist ein Abkommen getroffen worden, daß immer einer von den Vieren im Original an der abendlichen Feier teilzunehmen hat, damit die Kinder in Schach gehalten werden. Der Prälat hat bisher nichts von diesem Betrug gemerkt, den man keineswegs mit dem Adjektiv fromm wird belegen können. Abgesehen von meiner Tante und den Kindern ist er die einzige originale Figur bei diesem Spiel.

Es ist ein genauer Plan aufgestellt worden, der in unserer Verwandtschaft Spielplan[3] genannt wird, und durch die Tatsache, daß einer immer wirklich teilnimmt, ist auch für die Schauspieler eine gewisse Vakanz gewährleistet. Inzwischen hat man auch gemerkt, daß diese sich nicht ungern zu der Feier hergeben, sich gerne zusätzlich etwas Geld verdienen,[4] und man hat mit Erfolg die Gage gedrückt,[5] da ja glücklicherweise an arbeitslosen Schauspielern kein Mangel herrscht. Karl hat mir erzählt, daß man hoffen könne, diesen „Posten" noch ganz erheblich herunterzusetzen, zumal ja den Schauspielern eine Mahlzeit

---

[2] sich zuzuflüstern *to whisper in each other's ear.* [3] Spielplan (*literally, play plan*) program (*play upon the preceding word* Plan). [4] sich gerne zusätzlich etwas Geld verdienen *that they like to make some extra money.* [5] man hat mit Erfolg die Gage gedrückt *they were successful in keeping the fee low.*

geboten wird und die Kunst bekanntlich, wenn sie nach Brot geht,[6] billiger wird.

[6] wenn sie nach Brot geht *when it goes begging.*

10

Lucies verhängnisvolle Entwicklung habe ich schon angedeutet: sie treibt sich fast nur noch in Nachtlokalen herum, und besonders an den Tagen, wo sie gezwungenermaßen an der häuslichen Feier hat teilnehmen müssen, ist sie wie toll. Sie trägt Cordhosen, bunte Pullover, läuft in Sandalen herum und hat sich ihr prachtvolles Haar abgeschnitten, um eine schmucklose Fransenfrisur zu tragen, von der ich jetzt erst erfahre, daß sie unter dem Namen Pony schon einige Male modern war. Obwohl ich offenkundige Unsittlichkeit bei ihr bisher nicht beobachten konnte, nur eine gewisse Exaltation, die sie selbst als Existentialismus bezeichnet, trotzdem kann ich mich nicht entschließen, diese Entwicklung erfreulich zu finden; ich liebe die milden Frauen mehr, die sich sittsam im Takte des Walzers bewegen, die angenehme Verse zu zitieren verstehen und deren Nahrung nicht ausschließlich aus sauren Gurken und mit Paprika überwürztem Gulasch besteht. Die Auswanderungspläne meines Schwagers Karl scheinen sich zu realisieren: er hat ein Land entdeckt, nicht weit vom Äquator, das seinen Bedingungen gerecht zu werden verspricht, und Lucie ist begeistert: man trägt in diesem Lande Kleider, die den ihren nicht unähnlich sind, man liebt dort die scharfen Gewürze und tanzt nach Rhythmen, ohne die nicht mehr leben zu können sie vorgibt. Es ist zwar ein wenig schockierend, daß diese beiden dem Sprichwort „Bleibe im Lande und nähre dich redlich" [1] nicht zu folgen gedenken, aber andererseits verstehe ich, daß sie die Flucht ergreifen.

Schlimmer ist es mit Johannes. Leider hat sich das böse Gerücht bewahrheitet: er ist Kommunist geworden. Er hat alle Beziehungen zur Familie abgebrochen, kümmert sich um nichts mehr und existiert bei den abendlichen Feiern nur noch in seinem Double. Seine Augen haben einen fanatischen Ausdruck angenommen, derwischähnlich produziert er sich in öffentlichen Veranstaltungen seiner Partei, vernachlässigt seine Praxis und schreibt wütende Artikel in den entsprechenden Organen. Merkwürdigerweise trifft er sich jetzt häufiger mit Franz, der ihn und den er vergeblich zu bekehren versucht. Bei aller geistigen Entfremdung sind sie sich persönlich etwas näher gekommen.[2]

Franz selbst habe ich lange nicht gesehen, nur von ihm gehört. Er soll von tiefer Schwermut befallen sein,[3] hält sich in dämmrigen Kirchen auf, ich glaube, man kann seine Frömmigkeit getrost als übertrieben bezeichnen. Er fing an, seinen Beruf zu vernachlässigen, nachdem das Unheil über seine Familie gekommen war, und neulich sah ich an der Mauer eines zertrümmerten Hauses ein verblichenes Plakat mit der Aufschrift „Letzter Kampf unseres Altmeisters Lenz gegen Lecoq. Lenz hängt die Boxhandschuhe an den Nagel." Das Plakat war vom März, und jetzt haben wir längst August. Franz soll sehr heruntergekommen sein. Ich glaube, er befindet sich in einem Zustand, der in unserer Familie bisher noch nicht vorgekom-

---

[1] (*based on a quotation from the 36th Psalm*) *Stay in the land and earn thy bread honestly.* [2] sind sie sich persönlich etwas näher gekommen *their personal relationship has become somewhat closer.* [3] Er soll von tiefer Schwermut befallen sein *He is said to have sunk into deep melancholy.*

men ist: er ist arm. Zum Glück ist er ledig geblieben, die sozialen Folgen seiner unverantwortlichen Frömmigkeit treffen also nur ihn selbst. Mit erstaunlicher Hartnäckigkeit hat er versucht, einen Jugendschutz für die Kinder von Lucie zu erwirken, die er durch die abendlichen Feiern gefährdet glaubte. Aber seine Bemühungen sind ohne Erfolg geblieben; Gott sei Dank sind ja die Kinder begüterter Menschen nicht dem Zugriff sozialer Institutionen ausgesetzt.

Am wenigsten von der übrigen Verwandtschaft entfernt hat sich trotz mancher widerwärtiger Züge — Onkel Franz.[4] Zwar hat er tatsächlich trotz seines hohen Alters eine Geliebte, auch sind seine geschäftlichen Praktiken von einer Art, die wir zwar bewundern, keinesfalls aber billigen können. Neuerdings hat er einen arbeitslosen Inspizienten aufgetan, der die abendliche Feier überwacht und sorgt, daß alles wie am Schnürchen läuft.[5] Es läuft wirklich alles wie am Schnürchen.

[4] Am wenigsten von der übrigen Verwandtschaft entfernt hat sich ... Onkel Franz *Uncle Franz ... has moved least of all away from the rest of the family.* [5] daß alles wie am Schnürchen läuft *that everything goes like clockwork.*

11

Fast zwei Jahre sind inzwischen verstrichen: eine lange Zeit. Und ich konnte es mir nicht versagen, auf einem meiner abendlichen Spaziergänge einmal am Hause meines Onkels vorbeizugehen, in dem nun keine natürliche Gastlichkeit mehr möglich ist, seitdem fremdes Künstlervolk dort allabendlich herumläuft und die Familienmitglieder sich befremdenden Vergnügungen hingeben. Es war ein lauer Sommerabend, als ich dort vorbeikam, und schon als ich um die Ecke in die Kastanienallee einbog, hörte ich den Vers:

„*weihnachtlich glänzet der Wald* . . ."

Ein vorüberfahrender Lastwagen machte den Rest unhörbar,[1] ich schlich mich langsam ans Haus und sah durch einen Spalt zwischen den Vorhängen ins Zimmer: Die Ähnlichkeit der anwesenden Mimen mit den Verwandten, die sie darstellten, war so erschreckend, daß ich im Augenblick nicht erkennen konnte, wer nun wirklich an diesem Abend die Aufsicht führte — so nennen sie es. Die Zwerge konnte ich nicht sehen, aber hören. Ihr zirpendes Gebimmel bewegt sich auf Wellenlängen, die durch alle Wände dringen. Das Flüstern des Engels war unhörbar. Meine Tante schien wirklich glücklich zu sein: sie plauderte mit dem Prälaten, und erst spät erkannte ich meinen Schwager als einzige, wenn man so sagen darf, reale Person. Ich erkannte ihn daran, wie er beim Auspusten des Streichholzes die Lippen spitzte. Es scheint doch unverwechselbare Züge der Individualität zu geben. Dabei kam mir der Gedanke, daß die Schauspieler offenbar auch mit Zigarren, Zigaretten und Wein traktiert werden — zudem gibt es ja jeden Abend Spargel. Wenn sie unverschämt sind — und welcher Künstler wäre das nicht? —, bedeutet dies eine erhebliche zusätzliche Verteuerung für meinen Onkel. Die Kinder spielten mit Puppen und hölzernen Wagen in einer Zimmerecke: sie sahen blaß und müde aus. Tatsächlich, vielleicht müßte man auch an sie denken. Mir kam der Gedanke, daß man sie vielleicht durch Wachspuppen ersetzen könne, solcherart, wie sie in den Schaufenstern der Drogerien als Reklame für Milchpulver

---

[1] machte . . . unhörbar *drowned out.*

und Hautcreme Verwendung finden. Ich finde, die sehen doch recht natürlich aus.

Tatsächlich will ich die Verwandtschaft einmal auf die möglichen Auswirkungen dieser ungewöhnlichen täglichen Erregung auf die kindlichen Gemüter aufmerksam machen. Obwohl eine gewisse Disziplin ihnen ja nichts schadet, scheint man sie hier doch über Gebühr zu beanspruchen.[2]

Ich verließ meinen Beobachtungsposten, als man drinnen anfing, „Stille Nacht" zu singen. Ich konnte das Lied wirklich nicht ertragen. Die Luft war so lau — und ich hatte einen Augenblick lang den Eindruck, einer Versammlung von Gespenstern beizuwohnen. Ein scharfer Appetit auf saure Gurken befiel mich ganz plötzlich und ließ mich leise ahnen, wie sehr Lucie gelitten haben muß.

[2] sie... über Gebühr zu beanspruchen *to tax their strength immoderately.*

12

Inzwischen ist es mir gelungen, durchzusetzen, daß die Kinder durch Wachspuppen ersetzt werden. Die Anschaffung war kostspielig — Onkel Franz scheute lange davor zurück —, aber es war nicht länger zu verantworten,[1] die Kinder täglich mit Marzipan zu füttern und sie Lieder singen zu lassen, die ihnen auf die Dauer psychisch schaden können. Die Anschaffung der Puppen erwies sich als nützlich, weil Karl und Lucie wirklich auswanderten und auch Johannes seine Kinder aus dem Haushalt des Vaters zog. Zwischen großen Überseekisten stehend, habe ich

[1] es war nicht länger zu verantworten *it was no longer justifiable.*

mich von Karl, Lucie und den Kindern verabschiedet, sie erschienen mir glücklich, wenn auch etwas beunruhigt. Auch Johannes ist aus unserer Stadt weggezogen. Irgendwo ist er damit beschäftigt, einen Bezirk seiner Partei umzuorganisieren.

Onkel Franz ist lebensmüde. Mit klagender Stimme erzählte er mir neulich, daß man immer wieder vergißt, die Puppen abzustauben. Überhaupt machen ihm die Dienstboten Schwierigkeiten, und die Schauspieler scheinen zur Disziplinlosigkeit zu neigen. Sie trinken mehr, als ihnen zusteht, und einige sind dabei ertappt worden, daß sie sich Zigarren und Zigaretten einsteckten. Ich riet meinem Onkel, ihnen gefärbtes Wasser vorzusetzen und Pappezigarren anzuschaffen.

Die einzig zuverlässigen sind meine Tante und der Prälat. Sie plaudern miteinander über die gute alte Zeit, kichern und scheinen recht vergnügt und unterbrechen ihr Gespräch nur, wenn ein Lied angestimmt wird.

Jedenfalls: die Feier wird fortgesetzt.

Mein Vetter Franz hat eine merkwürdige Entwicklung genommen. Er ist als Laienbruder in ein Kloster der Umgebung aufgenommen worden. Als ich ihn zum erstenmal in der Kutte sah, war ich erschreckt: diese große Gestalt mit der zerschlagenen Nase und den dicken Lippen, sein schwermütiger Blick — er erinnerte mich mehr an einen Sträfling als an einen Mönch. Es schien fast, als habe er meine Gedanken erraten. „Wir sind mit dem Leben bestraft",[2] sagte er leise. Ich folgte ihm ins Sprechzimmer. Wir unterhielten uns stockend, und er war offenbar erleichtert, als die Glocke ihn zum Gebet in die Kirche rief. Ich blieb nachdenklich stehen, als er ging: er eilte sehr, und seine Eile schien aufrichtig zu sein.

---

[2] Wir sind mit dem Leben bestraft *Life is our punishment.*

DER MANN MIT DEN MESSERN

Jupp hielt das Messer vorne an der Spitze der Schneide und ließ es lässig wippen; es war ein langes, dünngeschliffenes Brotmesser, und man sah, daß es scharf war. Mit einem plötzlichen Ruck warf er das Messer hoch, es schraubte sich mit einem propellerartigen Surren hinauf, während die blanke Schneide in einem Bündel letzter Sonnenstrahlen wie ein goldener Fisch flimmerte, schlug oben an, verlor seine Schwingung und sauste scharf und gerade auf Jupps Kopf hinunter; Jupp hatte blitzschnell einen Holzklotz auf seinen Kopf gelegt; das Messer pflanzte sich mit einem Ratsch fest [1] und blieb dann schwankend haften.[2] Jupp nahm den Klotz vom Kopf, löste das Messer und warf es mit einem ärgerlichen Zucken in die Tür, wo es in der Füllung nachzitterte, ehe es langsam auspendelte und zu Boden fiel ...

„Zum Kotzen",[3] sagte Jupp leise. „Ich bin von der einleuchtenden Voraussetzung ausgegangen,[4] daß die Leute, wenn sie an der Kasse ihr Geld bezahlt haben, am liebsten solche Nummern sehen, wo Gesundheit oder Leben auf

---

[1] das Messer pflanzte sich mit einem Ratsch fest *the knife stuck with a thud.*
[2] blieb dann schwankend haften *remained stuck with a swaying motion.*
[3] Zum Kotzen (*vulgar*) *It's nauseating.*   [4] Ich bin von der einleuchtenden Vorraussetzung ausgegangen *I started from the evident premise.*

dem Spiel stehen [5] — genau wie im römischen Zirkus —, sie wollen wenigstens wissen, daß Blut fließen könnte, verstehst du?" Er hob das Messer auf und warf es mit einem knappen Schwingen des Armes in die oberste Fensterprosse, so heftig, daß die Scheiben klirrten und aus dem bröckeligen Kitt zu fallen drohten. Dieser Wurf — sicher und herrisch — erinnerte mich an jene düsteren Stunden der Vergangenheit, wo er sein Taschenmesser die Bunkerpfosten hatte hinauf und hinunter klettern lassen. „Ich will ja alles tun", fuhr er fort, „um den Herrschaften einen Kitzel zu verschaffen.[6] Ich will mir die Ohren abschneiden, aber es findet sich leider keiner, der sie mir wieder ankleben könnte. Komm mal mit." Er riß die Tür auf, ließ mich vorgehen, und wir traten ins Treppenhaus, wo die Tapetenfetzen nur noch an jenen Stellen hafteten, wo man sie der Stärke des Leimes wegen nicht hatte abreißen können, um den Ofen mit ihnen anzuzünden. Dann durchschritten wir ein verkommenes Badezimmer und kamen auf eine Art Terrasse, deren Beton brüchig und von Moos bewachsen war. Jupp deutete in die Luft.

„Die Sache wirkt natürlich besser, je höher das Messer fliegt. Aber ich brauche oben einen Widerstand, wo das Ding gegen schlägt und seinen Schwung verliert, damit es recht scharf und gerade heruntersaust auf meinen nutzlosen Schädel. Sieh mal."[7] Er zeigte nach oben, wo das Eisenträgergerüst eines verfallenen Balkons in die Luft ragte.

„Hier habe ich trainiert. Ein ganzes Jahr. Paß auf."[8] Er ließ das Messer hochsausen, es stieg mit einer wunderbaren Regelmäßigkeit und Stetigkeit, es schien sanft und mühelos zu klettern wie ein Vogel, schlug dann gegen einen der Träger, raste mit einer atemberaubenden Schnelligkeit

---

[5] auf dem Spiel stehen *are at stake.*   [6] um den Herrschaften einen Kitzel zu verschaffen *to let those people get a kick out of it.*   [7] Sieh mal *Look.*   [8] Paß auf *Watch.*

herunter und schlug heftig in den Holzklotz. Der Schlag allein mußte schwer zu ertragen sein. Jupp zuckte mit keiner Wimper.⁹ Das Messer hatte sich einige Zentimeter tief ins Holz gepflanzt.

„Das ist doch prachtvoll, Mensch", rief ich, „das ist doch ganz toll! Das müssen sie doch anerkennen, das ist doch eine Nummer!"

Jupp löste das Messer gleichgültig aus dem Holz, packte es am Griff und hieb in die Luft.

„Sie erkennen es ja an, sie geben mir zwölf Mark für den Abend, und ich darf zwischen zwei größeren Nummern ein bißchen mit dem Messer spielen. Aber die Nummer ist zu schlicht. Ein Mann, ein Messer, ein Holzklotz, verstehst du? Ich müßte ein halbnacktes Weib haben, dem ich die Messer haarscharf an der Nase vorbeiflitzen lasse. Dann würden sie jubeln. Aber such solch ein Weib!"¹⁰

Er ging voran, und wir traten in sein Zimmer zurück. Er legte das Messer vorsichtig auf den Tisch, den Holzklotz daneben und rieb sich die Hände. Dann setzten wir uns auf die Kiste neben dem Ofen und schwiegen. Ich nahm mein Brot aus der Tasche und fragte: „Darf ich dich einladen?"¹¹

„Oh, gern, aber ich will Kaffee kochen. Dann gehst du mit und siehst dir meinen Auftritt an."

Er legte Holz auf und setzte den Topf über die offene Feuerung. „Es ist zum Verzweifeln",¹² sagte er, „ich glaube, ich sehe zu ernst aus. Vielleicht noch ein bißchen nach Feldwebel, was?"

„Unsinn, du bist ja nie ein Feldwebel gewesen. Lächelst du, wenn sie klatschen?"

---

⁹ zuckte mit keiner Wimper *did not flinch.*   ¹⁰ Aber such solch ein Weib! *But try to find such a woman.*   ¹¹ Darf ich dich einladen? *Will you be my guest?*   ¹² Es ist zum Verzweifeln *It drives me crazy.*

„Klar — und ich verbeuge mich."

„Ich könnt's nicht. Ich könnt nicht auf 'nem Friedhof lächeln."

„Das ist ein großer Fehler, gerade auf 'nem Friedhof muß man lächeln."

„Ich versteh dich nicht."

„Weil sie ja nicht tot sind. Keiner ist tot, verstehst du?"

„Ich versteh schon, aber ich glaub's nicht."

„Bist eben doch noch ein bißchen Oberleutnant. Na, das dauert eben länger, ist klar.[13] Mein Gott, ich freu mich, wenn's ihnen Spaß macht. Sie sind erloschen, und ich kitzele sie ein bißchen und laß mir's bezahlen. Vielleicht wird einer, ein einziger nach Hause gehen und mich nicht vergessen. ‚Der mit dem Messer, verdammt, der hatte keine Angst, und ich hab immer Angst, verdammt', wird er vielleicht sagen, denn sie haben alle immer Angst. Sie schleppen die Angst hinter sich wie einen schweren Schatten, und ich freu mich, wenn sie's vergessen und ein bißchen lachen. Ist das kein Grund zum Lächeln?"

Ich schwieg und lauerte auf das Brodeln des Wassers. Jupp goß[14] in dem braunen Blechtopf auf, und dann tranken wir abwechselnd aus dem braunen Blechtopf und aßen mein Brot dazu. Draußen begann es leise zu dämmern,[15] und es floß wie eine sanfte graue Milch ins Zimmer.

„Was machst du eigentlich?" fragte Jupp mich.

„Nichts..., ich schlage mich durch."[16]

„Ein schwerer Beruf."

„Ja — für das Brot habe ich hundert Steine suchen und klopfen müssen. Gelegenheitsarbeiter."

---

[13] Na, das dauert eben länger, ist klar *Well then, it'll take a little longer, that's obvious (that is, getting adjusted, seeing things as they really are).* [14] Jupp goß ... auf *Jupp made the coffee.* [15] begann es leise zu dämmern *twilight slowly set in.* [16] Ich schlage mich durch *I just manage to get by.*

„Hm... hast du Lust,[17] noch eins meiner Kunststücke zu sehen?" Er stand auf, da ich nickte, knipste Licht an und ging zur Wand, wo er einen teppichartigen Behang beiseite schob; auf der rötlich getünchten [18] Wand wurden die mit Kohle grob gezeichneten Umrisse eines Mannes sichtbar: eine sonderbare, beulenartige Erhöhung, dort wo der Schädel sein mußte, sollte wohl einen Hut darstellen. Bei näherem Zusehen [19] sah ich, daß er auf eine geschickt getarnte Tür gezeichnet war. Ich beobachtete gespannt, wie Jupp nun unter seiner kümmerlichen Liegestatt einen hübschen braunen Koffer hervorzog, den er auf den Tisch stellte. Bevor er ihn öffnete, kam er auf mich zu und legte vier Kippen vor mich hin. „Dreh zwei dünne davon", sagte er.

Ich wechselte meinen Platz, so daß ich ihn sehen konnte und zugleich mehr von der milden Wärme des Ofens bestrahlt wurde.[20] Während ich die Kippen behutsam öffnete, indem ich mein Brotpapier als Unterlage benutzte,[21] hatte Jupp das Schloß des Koffers aufspringen lassen und ein seltsames Etui hervorgezogen; es war eins jener mit vielen Taschen benähten Stoffetuis,[22] in denen unsere Mütter ihre Aussteuerbestecks aufzubewahren pflegten. Er knüpfte flink die Schnur auf, ließ das zusammengerollte Bündel über den Tisch aufgleiten, und es zeigte sich ein Dutzend Messer mit hörnernen Griffen, die in der Zeit, wo unsere Mütter Walzer tanzten, „Jagdbesteck" genannt worden waren.

---

[17] hast du Lust *would you like*. [18] rötlich getünchten *washed in reddish color*. [19] Bei näherem Zusehen *Looking more closely*. [20] und zugleich mehr von der milden Wärme des Ofens bestrahlt wurde *and was at the same time more exposed to the modest warmth of the stove*. [21] indem ich mein Brotpapier als Unterlage benutzte *using my sandwich wrappings underneath*. [22] eins jener mit vielen Taschen benähten Stoffetuis *one of those cloth cases with many sewed-in pockets*.

Ich verteilte den gewonnenen Tabak gerecht auf zwei Blättchen und rollte die Zigaretten.

„Hier", sagte ich.

„Hier", sagte auch Jupp und: „Danke." Dann zeigte er mir das Etui ganz.

„Das ist das einzige, was ich vom Besitz meiner Eltern gerettet habe. Alles verbrannt, verschüttet und der Rest gestohlen. Als ich elend und zerlumpt aus der Gefangenschaft kam, besaß ich nichts — bis eines Tages eine vornehme alte Dame, Bekannte meiner Mutter, mich ausfindig gemacht hatte und mir dieses hübsche kleine Köfferchen überbrachte. Wenige Tage, bevor sie von den Bomben getötet wurde, hatte meine Mutter dieses kleine Ding bei ihr sichergestellt, und es war gerettet worden. Seltsam. Nicht wahr? Aber wir wissen ja, daß die Leute, wenn sie die Angst des Untergangs ergriffen hat, die merkwürdigsten Dinge zu retten versuchen. Nie das Notwendige. Ich besaß also jetzt immerhin den Inhalt dieses kleinen Koffers: den braunen Blechtopf, zwölf Gabeln, zwölf Messer und zwölf Löffel und das große Brotmesser. Ich verkaufte Löffel und Gabeln, lebte ein Jahr davon und trainierte mit den Messern, dreizehn Messern. Paß auf..."

Ich reichte ihm den Fidibus, an dem ich meine Zigarette entzündet hatte. Jupp klebte die Zigarette an seine Unterlippe, befestigte die Schnur des Etuis an einem Knopf seiner Jacke oben an der Schulter und ließ das Etui auf seinen Arm abrollen, den es wie ein merkwürdiger Kriegsschmuck bedeckte. Dann entnahm er mit einer unglaublichen Schnelligkeit die Messer dem Etui, und noch ehe ich mir über seine Handgriffe klargeworden war,[23] warf er sie blitzschnell alle zwölf gegen den schattenhaften Mann an

---

[23] noch ehe ich mir über seine Handgriffe klargeworden war *before the meaning of his gestures had become clear to me.*

der Tür, der jenen grauenhaften Gestalten [24] ähnelte, die uns gegen Ende des Krieges als Vorboten des Untergangs von allen Plakatsäulen, aus allen möglichen Ecken entgegenschaukelten. Zwei Messer saßen im Hut des Mannes, je zwei über jeder Schulter,[25] und die anderen zu je dreien an den hängenden Armen entlang ...

„Toll!" rief ich, „toll! Aber das ist doch eine Nummer, mit ein bißchen Untermalung."

„Fehlt nur der Mann, besser noch das Weib. Ach", er pflückte die Messer wieder aus der Tür und steckte sie sorgsam ins Etui zurück. „Es findet sich ja niemand. Die Weiber sind zu bange, und die Männer sind zu teuer. Ich kann's ja verstehen, ist ein gefährliches Stück."

Er schleuderte nun die Messer wieder blitzschnell so, daß der ganze schwarze Mann mit einer genialen Symmetrie genau in zwei Hälften geteilt war. Das dreizehnte große Messer stak wie ein tödlicher Pfeil dort, wo das Herz des Mannes hätte sein müssen.

Jupp zog noch einmal an dem dünnen, mit Tabak gefüllten Papierröllchen und warf den spärlichen Rest hinter den Ofen.

„Komm", sagte er, „ich glaub, wir müssen gehen." Er steckte den Kopf zum Fenster raus, murmelte irgend etwas von „verdammtem Regen" und sagte dann: „Es ist ein paar Minuten vor acht, um halb neun ist mein Auftritt."

Während er die Messer wieder in den kleinen Lederkoffer packte, hielt ich mein Gesicht zum Fenster hinaus. Verfallene Villen schienen im Regen leise zu wimmern, und hinter einer Wand scheinbar schwankender Pappeln hörte ich das Kreischen der Straßenbahn. Aber ich konnte nirgendwo eine Uhr entdecken.

---

[24] (= *defeatists hanged by the Nazis*).   [25] je zwei über jeder Schulter *two above each shoulder*.

„Woher weißt du denn die Zeit?"²⁶

„Aus dem Gefühl — das gehört mit zu meinem Training —"

Ich blickte ihn verständnislos an. Er half erst mir in den Mantel und zog dann seine Windjacke über. Meine Schulter ist ein wenig gelähmt, und über einen beschränkten Radius hinaus kann ich die Arme nicht bewegen, es genügt gerade zum Steineklopfen. Wir setzten die Mützen auf und traten in den düsteren Flur, und ich war nun froh, irgendwo im Hause wenigstens Stimmen zu hören, Lachen und ein gedämpftes Gemurmel.

„Es ist so", sagte Jupp im Hinuntersteigen, „ich habe mich bemüht, gewissen kosmischen Gesetzen auf die Spur zu kommen. So." Er setzte den Koffer auf einen Treppenabsatz und streckte die Arme seitlich aus, wie auf manchen antiken Bildern Ikarus²⁷ abgebildet ist, als er zum fliegenden Sprung ansetzt.²⁸ Auf seinem nüchternen Gesicht erschien etwas seltsam Kühl-Träumerisches, etwas halb Besessenes und halb Kaltes, Magisches, das mich maßlos erschreckte. „So", sagte er leise, „ich greife einfach hinein in die Atmosphäre,²⁹ und ich spüre, wie meine Hände länger und länger werden und wie sie hinaufgreifen in einen Raum, in dem andere Gesetze gültig sind; sie stoßen durch eine Decke, und dort oben liegen seltsame, bezaubernde Spannungen, die ich greife, einfach greife ... und dann zerre ich ihre Gesetze, packe sie, halb räuberisch, halb wollüstig, und nehme sie mit!" Seine

---

²⁶ Woher weißt du denn die Zeit? *How do you know the time?* ²⁷ (*In Greek mythology, the son of Daedalus, with whom he was imprisoned in the labyrinth. When both sought to escape on self-made wings fastened with wax, Icarus soared so high that the wax melted in the hot sun, and he fell into the sea.*) ²⁸ als er zum fliegenden Sprung ansetzt *as he is getting ready to soar upward.* ²⁹ ich greife einfach hinein in die Atmosphäre *I simply snatch at the atmosphere.*

Hände krampften sich,[30] und er zog sie ganz nahe an den Leib. „Komm", sagte er, und sein Gesicht war wieder nüchtern. Ich folgte ihm benommen ...

Es war ein leiser, stetiger und kühler Regen draußen. Wir klappten die Kragen hoch und zogen uns fröstelnd in uns selbst zurück.[31] Der Nebel der Dämmerung strömte durch die Straßen, schon gefärbt mit der bläulichen Dunkelheit der Nacht. In manchen Kellern der zerstörten Villen brannte ein kümmerliches Licht unter dem schwarzen Gewicht einer riesigen Ruine. Unmerklich ging die Straße in einen schlammigen Feldweg über, wo links und rechts in der dichtgewordenen Dämmerung düstere Bretterbuden in den mageren Gärten zu schwimmen schienen wie drohende Dschunken auf einem seichten Flußarm. Dann kreuzten wir die Straßenbahn, tauchten unter in den engen Schächten der Vorstadt, wo zwischen Schutt- und Müllhalden[32] einige Häuser im Schmutz übriggeblieben sind, bis wir plötzlich auf eine sehr belebte Straße stießen; ein Stück weit[33] ließen wir uns vom Strom der Menge mittragen und bogen dann in die dunkle Quergasse, wo die grelle Lichtreklame[34] der „Sieben Mühlen" sich im glitzernden Asphalt spiegelte.

Das Portal zum Varieté[35] war leer. Die Vorstellung hatte längst begonnen, und durch schäbigrote Portieren hindurch erreichte uns der summende Lärm der Menge.

Jupp zeigte lachend auf ein Photo in den Aushängekästen, wo er in einem Cowboykostüm zwischen zwei süß lächelnden Tänzerinnen hing, deren Brüste mit schillerndem Flitter bespannt waren.

---

[30] Seine Hände krampften sich *He clenched his hands.* [31] zogen uns fröstelnd in uns selbst zurück *withdrew shivering into ourselves.* [32] zwischen Schutt- und Müllhalden *among heaps of ruins and refuse.* [33] ein Stück weit *for a while.* [34] die grelle Lichtreklame *the bright neon lights.* [35] Varieté *vaudeville theater.*

„Der Mann mit den Messern" stand darunter.³⁶

„Komm", sagte Jupp wieder, und ehe ich mich besonnen hatte, war ich in einen schlecht erkennbaren schmalen Eingang gezerrt. Wir erstiegen eine enge Wendeltreppe, die nur spärlich beleuchtet war und wo der Geruch von Schweiß und Schminke die Nähe der Bühne anzeigte. Jupp ging vor mir — und plötzlich blieb er in einer Biegung der Treppe stehen, packte mich an den Schultern und fragte leise:

„Hast du Mut?"

Ich hatte die Frage schon so lange erwartet, daß mich ihre Plötzlichkeit nun erschreckte. Ich mag nicht sehr mutig ausgesehen haben, als ich antwortete:

„Den Mut der Verzweiflung."

„Das ist der richtige", rief er mit gepreßtem Lachen.³⁷ „Nun?"

Ich schwieg, und plötzlich traf uns eine Welle wilden Lachens, die aus dem engen Aufgang wie ein heftiger Strom auf uns zuschoß, so stark, daß ich erschrak und mich unwillkürlich fröstelnd schüttelte.

„Ich hab Angst", sagte ich leise.

„Hab ich auch. Hast du kein Vertrauen zu mir?" ³⁸

„Doch gewiß ... aber ... komm", sagte ich heiser, drängte ihn nach vorne und fügte hinzu: „Mir ist alles gleich." ³⁹

Wir kamen auf einen schmalen Flur, von dem links und rechts eine Menge roher Sperrholzkabinen abgeteilt waren; bunte Gestalten huschten umher, und durch einen Spalt zwischen kümmerlichen Kulissen sah ich auf der Bühne einen Clown, der sein Riesenmaul aufsperrte; wieder kam das wilde Lachen der Menge auf uns zu, aber Jupp zog

---

³⁶ stand darunter *it said underneath.* ³⁷ mit gepreßtem Lachen *with a forced laugh.* ³⁸ Hast du kein Vertrauen zu mir? *Don't you trust me?* ³⁹ Mir ist alles gleich *I don't care about anything.*

mich in eine Tür und schloß hinter uns ab. Ich blickte mich um. Die Kabine war sehr eng und fast kahl. Ein Spiegel hing an der Wand, an einem einsamen Nagel war Jupps Cowboykostüm aufgehängt, und auf einem wackelig aussehenden Stuhl lag ein altes Kartenspiel. Jupp war von einer nervösen Hast; er nahm mir den nassen Mantel ab, knallte den Cowboyanzug auf den Stuhl, hing meinen Mantel auf, dann seine Windjacke. Über die Wand der Kabine hinweg sah ich an einer rotbemalten dorischen Säule eine elektrische Uhr, die fünfundzwanzig Minuten nach acht zeigte.

„Fünf Minuten", murmelte Jupp, während er sein Kostüm überstreifte.

„Sollen wir eine Probe machen?"

In diesem Augenblick klopfte jemand an die Kabinentür und rief: „Fertigmachen!" [40]

Jupp knöpfte seine Jacke zu und setzte einen Wildwesthut auf. Ich rief mit einem krampfhaften Lachen: „Willst du den zum Tode Verurteilten [41] erst probeweise henken?"

Jupp ergriff den Koffer und zerrte mich hinaus. Draußen stand ein Mann mit einer Glatze, der den letzten Hantierungen des Clowns auf der Bühne zusah. Jupp flüsterte ihm irgend etwas ins Ohr, was ich nicht verstand, der Mann blickte erschreckt auf, sah mich an, sah Jupp an und schüttelte heftig den Kopf. Und wieder flüsterte Jupp auf ihn ein.

Mir war alles gleichgültig. Sollten sie mich lebendig aufspießen! [42] Ich hatte eine lahme Schulter, hatte eine dünne Zigarette geraucht, morgen sollte ich für fünfundsiebzig Steine dreiviertel Brot [43] bekommen. Aber mor-

---

[40] Fertigmachen! *Get ready!* [41] den zum Tode Verurteilten (*literally, the one sentenced to death*) *the doomed man.* [42] Sollten sie mich lebendig aufspießen! *Let them impale me alive!* [43] dreiviertel Brot *three quarters of a loaf of bread.*

gen ... Der Applaus schien die Kulissen umzuwehen. Der Clown torkelte mit müdem, verzerrtem Gesicht durch den Spalt zwischen den Kulissen auf uns zu, blieb einige Sekunden stehen und ging dann auf die Bühne zurück, wo er sich mit liebenswürdigem Lächeln verbeugte. Die Kapelle spielte einen Tusch. Jupp flüsterte immer noch auf den Mann mit der Glatze ein. Dreimal kam der Clown heraus, und dreimal ging er hinaus auf die Bühne und verbeugte sich lächelnd! Dann begann die Kapelle einen Marsch zu spielen, und Jupp ging mit forschen Schritten, sein Köfferchen in der Hand, auf die Bühne. Mattes Händeklatschen begrüßte ihn. Mit müden Augen sah ich zu, wie Jupp die Karten an offenbar vorbereitete Nägel heftete und wie er dann die Karten der Reihe nach mit je einem Messer aufspießte, genau in der Mitte. Der Beifall wurde lebhafter, aber nicht zündend. Dann vollführte er unter leisem Trommelwirbel das Manöver mit dem großen Brotmesser und dem Holzklotz, und durch alle Gleichgültigkeit hindurch spürte ich, daß die Sache wirklich ein bißchen mager war. Drüben auf der anderen Seite der Bühne blickten ein paar dürftig gekleidete Mädchen zu ... Und dann packte mich plötzlich der Mann mit der Glatze, schleifte mich auf die Bühne, begrüßte Jupp mit einem feierlichen Armschwenken und sagte mit einer erkünstelten Polizistenstimme: „Guten Abend, Herr Borgalewski."

„Guten Abend, Herr Erdmenger", sagte Jupp, ebenfalls in diesem feierlichen Ton.

„Ich bringe Ihnen hier einen Pferdedieb, einen ausgesprochenen Lumpen, Herr Borgalewski, den Sie mit Ihren sauberen Messern erst ein bißchen kitzeln müssen, ehe er gehängt wird ... einen Lumpen ..." Ich fand seine Stimme ausgesprochen lächerlich, kümmerlich künstlich. Ich warf einen Blick in den Zuschauerraum, und von

Der Mann mit den Messern - 55

diesem Augenblick an, vor diesem flimmernden, lüsternen, vieltausendköpfigen, gespannten Ungeheuer, das im Finstern wie zum Sprung dasaß,[44] schaltete ich einfach ab.

Mir war alles ganz egal,[45] das grelle Licht der Scheinwerfer blendete mich, und in meinem schäbigen Anzug mit den elenden Schuhen mag ich wohl recht nach Pferdedieb ausgesehen haben.

„Oh, lassen Sie ihn mir hier, Herr Erdmenger, ich werde mit dem Kerl schon fertig." [46]

„Gut, besorgen Sie's ihm und sparen Sie nicht mit den Messern." [47]

Jupp schnappte mich am Kragen, während Herr Erdmenger mit gespreizten Beinen grinsend die Bühne verließ. Von irgendwoher wurde ein Strick auf die Bühne geworfen, und dann fesselte mich Jupp an den Fuß einer dorischen Säule, hinter der eine blau angestrichene Kulissentür lehnte. Ich fühlte etwas wie einen Rausch der Gleichgültigkeit. Rechts von mir hörte ich das unheimliche, wimmelnde Geräusch des gespannten Publikums, und ich spürte, daß Jupp recht gehabt hatte, wenn er von seiner Blutgier sprach. Seine Lust zitterte in der fade riechenden Luft, und die Kapelle erhöhte mit ihrem Spannungstrommelwirbel, mit ihrer leisen Geilheit den Eindruck einer schauerlichen Tragikomödie, in der richtiges Blut fließen würde, bezahltes Bühnenblut ... Ich blickte starr geradeaus und ließ mich schlaff nach unten sacken, da mich die feste Schnürung des Strickes wirklich hielt. Die Kapelle wurde immer leiser, während Jupp sachlich seine Messer wieder aus den Karten zog und sie ins Etui steckte,

---

[44] im Finstern wie zum Sprung dasaß *was sitting in the darkness as if ready to jump.* [45] Mir war alles ganz egal *I didn't care at all.* [46] ich werde mit dem Kerl schon fertig *I'll take care of the fellow.* [47] besorgen Sie's ihm und sparen Sie nicht mit den Messern *give him the works and don't spare the knives.*

wobei er mich mit melodramatischen Blicken musterte. Dann, als er alle Messer geborgen hatte, wandte er sich zum Publikum, und auch seine Stimme war ekelhaft geschminkt, als er nun sagte: „Ich werde Ihnen diesen Herrn mit Messern umkränzen, meine Herrschaften, aber Sie sollen sehen, daß ich nicht mit stumpfen Messern werfe..." Dann zog er einen Bindfaden aus der Tasche, nahm mit unheimlicher Ruhe ein Messer nach dem anderen aus dem Etui, berührte damit den Bindfaden, den er in zwölf Stücke zerschnitt; jedes Messer steckte er ins Etui zurück.

Währenddessen blickte ich weit über ihn hinweg, weit über die Kulissen, weit weg auch über die halbnackten Mädchen, wie mir schien, in ein anderes Leben...

Die Spannung der Zuschauer elektrisierte die Luft. Jupp kam auf mich zu, befestigte zum Schein den Strick noch einmal neu und flüsterte mir mit weicher Stimme zu: „Ganz, ganz still halten, und hab Vertrauen, mein Lieber..."

Seine neuerliche Verzögerung hatte die Spannung fast zur Entladung gebracht,[48] sie drohte ins Leere auszufließen,[49] aber er griff plötzlich seitlich, ließ seine Hände ausschweben wie leise schwirrende Vögel, und in sein Gesicht kam jener Ausdruck magischer Sammlung, den ich auf der Treppe bewundert hatte. Gleichzeitig schien er mit dieser Zauberergeste auch die Zuschauer zu beschwören. Ich glaubte ein seltsam schauerliches Stöhnen zu hören, und ich begriff, daß das ein Warnungssignal für mich war.

Ich holte meinen Blick aus der unendlichen Ferne zurück, blickte Jupp an, der mir jetzt so gerade gegenüber

---

[48] hatte die Spannung fast zur Entladung gebracht *all but exploded the tension.* [49] ins Leere auszufließen (*literally, to flow into the void*) *to evaporate.*

stand, daß unsere Augen in einer Linie lagen; dann hob
er die Hand, griff langsam zum Etui, und ich begriff
wieder, daß das ein Zeichen für mich war. Ich stand still,
ganz still und schloß die Augen ...

Es war ein herrliches Gefühl; es währte vielleicht zwei
Sekunden, vielleicht zwanzig Sekunden, ich weiß es nicht.
Während ich das leise Zischen der Messer hörte und den
kurzen heftigen Luftzug, wenn sie neben mir in die Kulissentür
schlugen, glaubte ich auf einem sehr schmalen
Balken über einem unendlichen Abgrund zu gehen. Ich
ging ganz sicher und fühlte doch alle Schauer der Gefahr
... ich hatte Angst und doch die volle Gewißheit,
nicht zu stürzen; ich zählte nicht, und doch öffnete ich
die Augen in dem Augenblick, als das letzte Messer neben
meiner rechten Hand in die Tür schoß ...

Ein stürmischer Beifall riß mich vollends hoch; ich
schlug die Augen ganz auf [50] und blickte in Jupps bleiches
Gesicht, der auf mich zugestürzt war und nun mit nervösen
Händen meinen Strick löste. Dann schleppte er mich in
die Mitte der Bühne vorn an die Rampe; er verbeugte
sich, und ich verbeugte mich; er deutete in dem anschwellenden
Beifall auf mich und ich auf ihn; dann lächelte er
mich an, ich lächelte ihn an, und wir verbeugten uns
zusammen lächelnd vor dem Publikum.

In der Kabine sprachen wir beide kein Wort. Jupp warf
das durchlöcherte Kartenspiel auf den Stuhl, nahm meinen
Mantel vom Nagel und half mir, ihn anzuziehen. Dann
hing er sein Cowboykostüm wieder an den Nagel, zog seine
Windjacke an, und wir setzten die Mützen auf. Als ich
die Tür öffnete, stürzte uns der kleine Mann mit der
Glatze entgegen und rief: „Gage erhöht auf vierzig
Mark!" Er reichte Jupp ein paar Geldscheine. Da begriff

---

[50] ich schlug die Augen ganz auf *I opened my eyes wide.*

ich, daß Jupp nun mein Chef war, und ich lächelte, und auch er blickte mich an und lächelte.

Jupp faßte meinen Arm, und wir gingen nebeneinander die schmale, spärlich beleuchtete Treppe hinunter, auf der
5 es nach alter Schminke roch. Als wir das Portal erreicht hatten, sagte Jupp lachend: „Jetzt kaufen wir Zigaretten und Brot..."

Ich aber begriff erst eine Stunde später, daß ich nun einen richtigen Beruf hatte, einen Beruf, bei dem ich mich
10 nur hinzustellen brauchte und ein bißchen zu träumen. Zwölf oder zwanzig Sekunden lang. Ich war der Mann, auf den man mit Messern wirft...

VOCABULARY

The vocabulary is intended to be complete, except for the following: numerals, common pronouns, prepositions, and conjunctions; easily recognizable cognates; and the 500 most frequent German words listed in the A.A.T.G. dictionary.

Principal parts are given for masculine and neuter nouns insofar as they occur in the texts; for feminine nouns, only the plural is indicated.

Principal parts of strong and irregular verbs are indicated as follows: biegen (o, o) = biegen, bog, gebogen.

Verbs with separable prefixes are hyphenated. A dash stands for the key word.

ab-brechen (a, o) to interrupt; to break off
abendlich in the evening; nightly; **die abendliche Feier** the celebration in the evening
abgehetzt tired; out of breath
abgelegen remote, distant
abgesehen von apart from
der **Abgrund, –s, ⸚e** abyss, chasm
das **Abkommen, –s, —** agreement; **ein — treffen** to come to an agreement
die **Ablehnung** refusal; disapproval
ab-nehmen (a, o) to take off, take (from)
das **Abonnement, –s, –s** subscription
ab-reißen (i, i) to tear off
ab-rollen to roll down
ab-schalten to switch off
ab-schließen (o, o) to lock up
ab-schneiden (i, i) to clip, cut off
ab-setzen to put down
der **Abstand, –(e)s, ⸚e** distance; **— nehmen von** to desist from
ab-stauben to dust
ab-teilen to partition
ab-transportieren to carry away
ab-warten to wait for
abwechselnd in turns
achselzuckend shrugging one's shoulders
die **Adventszeit** advent
ähneln to resemble
ahnen to surmise; to suspect
die **Ähnlichkeit** resemblance
ahnungslos unsuspecting
akademisch academical
die **Albernheit** silliness
all: vor allem above all; first of all
allabendlich (taking place) every night
alleräußerst– extreme
allerdings however; to be sure; it is true
allgemein general
das **Alter, –s** age; **hohes —** advanced age

der **Altmeister** undoubted champion
der **Amboß, –sses, –sse** anvil
die **Analyse** analysis; test
an-bieten (o, o) to offer
der **Anblick, –s** aspect; sight
an-bringen (brachte an, angebracht) to deliver
die **Anbringung** fastening; fixing
an-deuten to hint at
andrerseits on the other hand
an-erkennen (erkannte an, anerkannt) to acknowledge; to appreciate
an-fassen to handle
an-geben (a, e) to allege
die **Angst** fear; **— haben** to be afraid; to be frightened
anhaltend continuous; lasting
an-kleben to stick on, to glue on
an-knipsen to switch on
an-kündigen to announce
an-langen to arrive
der **Anlaß, –sses, ⸚sse** cause; occasion; inducement; **— geben zu** to cause
an-machen to turn on, light
an-nehmen (a, o) to assume; to suppose; to adopt
das **Anraten, –s** advice; **auf —** upon the advice
anrüchig disreputable, ill-famed, notorious
an-schaffen to procure; to buy
die **Anschaffung** purchase
die **Anschauung** idea, opinion
an-schlagen (u, a) to strike (against)
anschwellen to swell; to mount
an-sehen (a, e) to look at; to watch
der **Anspruch, –s, ⸚e** claim; **für sich den — stellen** to claim
die **Anstalt** (mental) institution, sanitarium
die **Anständigkeit** decency
an-stimmen to begin to sing
an-streichen (i, i) to paint
antik ancient; classical

an-wenden (wandte an, angewandt) to apply
anwesend present
an-zeigen to indicate
an-ziehen (zog an, angezogen) to put on
an-zünden to light; to kindle
die **Apfelsine** orange
die **Apfelsinenbowle** orange punch
der **Appetit, -s** appetite; **ein scharfer —** a keen appetite
die **Arbeit** work; labor; essay; article
arbeitslos out of work, unemployed
ärgerlich angry
das **Armschwenken, -s** waving of (one's) arm
die **Art** way; manner; kind, sort
der **Arzt, -es, ⸚e** doctor, physician
die **Arztrechnung** doctor's bill
atemberaubend breathtaking
der **Äther, -s** ether
das **Attest, -es, -e** certificate; **ein — einreichen** to produce a certificate
das **Aufatmen, -s** sigh of relief
auf-bewahren to keep
auf-blühen to recover
die **Aufgabe, -n** task; obligation
der **Aufgang, -s, ⸚e** staircase
aufgemalt painted on it
aufgeschlossen open; responsive
auf-gleiten (i, i) to slide open
auf-greifen (i, i) to snatch up
auf-hängen to hang up
auf-heben (o, o) to pick up
auf-kaufen to buy up; to corner
auf-knüpfen to untie
die **Auflösung** dissolution
aufmerksam attentive; **— machen auf** to call (someone's) attention to
die **Aufmerksamkeit** consideration
auf-regen to stir up, arouse
die **Aufregung** excitement
auf-reißen (i, i) to fling open, push open
aufrichtig sincere
der **Aufschlag, -(e)s** margin; profit
die **Aufschrift** inscription
auf-setzen to put on
die **Aufsicht** supervision; **die — führen** to supervise
auf-sperren to open wide
auf-spießen to pierce through; to impale
aufspringen lassen to snap open
auf-spüren to scent out; to discover; **das Aufspüren** tracing back
auf-stehen (stand auf, aufgestanden) to get up; to stand up
auf-stellen to put up, set up; **einen Plan —** to map out a plan
auf-tauchen to emerge; to appear
auf-treiben (ie, ie) to find
der **Auftritt, -s, -e** act, performance; appearance
auf-tun (tat auf, aufgetan) to establish
auf-zählen to enumerate
der **Augenblick, -s, -e** moment
aus-brechen (a, o) to break out; **in das Lied —** to start singing the carol; **in Tränen —** to begin to cry; **in ein hysterisches Geschluchze —** to begin to sob hysterically; **in den Ruf —** to exclaim, shout
der **Ausbruch, -s, ⸚e** outbreak
aus-dehnen to extend (to)
der **Ausdruck** expression
ausdrücklich explicitly
aus-fallen (ie, a): ausfallen lassen to call off
ausfindig machen to find out; to identify
aus-fließen (o, o) to flow out, flow off
aus-führen to execute, carry out; to realize; to work out
die **Ausgaben** expenses
ausgenommen except, save
ausgesprochen decided; real
ausgetrocknet dried up
der **Aushängekasten, -s, ⸚** showcase
aus-harren to persevere, hold out

aus-helfen (a, o) to substitute
aus-laufen (ie, au) to end
aus-löschen to extinguish; to wipe out
aus-machen to discover
das **Ausmaß, -es** extent, degree; proportion
aus-nutzen to make use of
aus-pendeln to cease to swing (backward and forward)
aus-pusten to blow out
aus-rüsten to equip
die **Ausrüstung** outfit, equipment
aus-schlagen (u, a) to sprout
ausschließlich exclusively
die **Ausschmückung** decoration, trimming
aus-schweben to glide out
aus-sehen (a, e) to look; **— nach** to look like
außerdem besides; moreover
außergewöhnlich extraordinary
äußern to utter
außerordentlich extraordinary
äußerst extreme
aus-setzen to expose
aus-stellen to write out; to give
die **Aussteuerbestecks (pl.)** cutlery that is part of the dowry
aus-strecken to stretch out
aus-treten (a, e) (aus) to withdraw (from); to leave; to resign membership (in)
auswandern to emigrate
das **Auswanderungsbüro, -s, -s** emigration agency
der **Auswanderungsplan, -es, ⸚e** emigration project
aus-wechseln to exchange
die **Auswirkung** consequence

das **Badezimmer, -s, —** bathroom
die **Bahn, -en** path, way, road; course
baldig early
der **Balken, -s, —** beam
der **Balkon, -s, -s** balcony
der **Ballistiker, -s, —** ballistician
bange timid, afraid

die **Barmittel (pl.)** cash
bauen to build, construct; to set up
das **Baumabonnement, -s, -s** Christmas-tree subscription
beanspruchen to claim; to tax
beantragen to request; to beg; to demand
beauftragen to charge; to command; to instruct
bedauern to regret; **das Bedauern, -s** regret
bedecken to cover
bedenken (bedachte, bedacht) to bear in mind; to take into consideration; **das Bedenken, -s, —** deliberation; scruple; **(pl.)** misgivings
bedenklich suspicious; serious
bedeuten to mean; **eine Gefahr —** to involve a danger
die **Bedingung, -en** condition; **den Bedingungen gerecht werden** to fulfill every requirement
bedrohlich threateningly
bedürfen (bedarf; bedurfte, bedurft) to need
beeinträchtigen to diminish
befallen (ie, a) to attack; to overtake
befestigen to fasten
befinden (a, u): sich befinden to be
befreien to free
die **Befreiung** liberation; deliverance; release, exemption
befremdend odd; strange
befremdlich odd; strange
befreundet a friend of his
begeben (a, e): sich begeben to occur
begeistert enthusiastic
begleiten to accompany
begreifen (i, i) to realize
begrüßen to greet; to salute; to welcome
begütert wealthy
behandeln to treat
die **Behandlung** treatment

64 - Vocabulary

der **Behang, –es,** ⸚e hanging
behaupten to maintain
behutsam cautiously
das **Beil** hatchet
das **Bein, –es, –e** leg
beiseite aside
bei-wohnen to attend; to be present at
das **Beiwort, –(e)s,** ⸚er epithet, appelation
bekannt known; well-known
die **Bekannte** acquaintance
bekanntlich as is well known
bekehren to convert
beklagen to deplore
bekleidet dressed
bekommen (a, o) to receive, obtain, get; **zu spüren —** to experience, be affected by; **einen Lachkrampf —** to begin to laugh hysterically
bekümmern to grieve, distress
belächeln to smile at
belebt lively; **belebte Straße** crowded street
belegen to corroborate; to confirm
beleuchten to light
die **Belustigung** hilarity
bemängeln to criticize
bemerkbar perceptible, noticeable; **etwas macht sich —** something becomes noticeable, something can be noticed
bemerken to notice
die **Bemerkung, –en** remark
bemessen (a, e) to ascertain; to estimate
bemühen to trouble; **sich — to** try, endeavor
benachbart neighboring
benehmen (a, o): sich benehmen to behave
benommen benumbed
beobachten to observe
der **Beobachtungsposten, –s, —** observation post
berechtigt justified

bereit ready; **sich — erklären** to express one's willingness
bereiten to prepare, make ready; **Kummer —** to cause grief; **Sorge —** to worry; **ein Ende —** to stop
bereit-halten (ie, a) to keep ready
bereit-stehen (stand bereit, bereitgestanden) to be ready
bereit-stellen to make available
bergen (a, o) to hide, conceal; to secure
der **Bericht, –es, –e** report
berichten to report
der **Beruf, –es, –e** calling; vocation; profession; occupation
berufen (ie, u) to call together; to convene
beruhen auf to depend on
beruhigt quiet; pacified
das **Beruhigungsmittel, –s, —** sedative
berühmt famous
berühren to touch
beschäftigen to occupy; to employ; **beschäftigt sein** to be occupied; to busy oneself
beschränkt limited
beschweren: sich beschweren über to complain of
beschwören to conjure
besinnen (a, o): sich besinnen to recover (one's senses); to try to remember
der **Besitz, –es, –e** possessions, property
besitzen (besaß, besessen) to own, possess, have
besonder– particular; special
besonders especially
bespannen to drape
die **Besserung** improvement
best– best
die **Bestechung** bribery; bribe
bestehen (bestand, bestanden) to exist; to be; **darauf —** to insist on
die **Bestrebung** exertion; tendency
bestürzt dismayed; startled; disconcerted

der **Besuch, –es, –e** visit, company; **zu — kommen** to visit, call; to make a call; to drop in
die **Beteiligung** participation
der **Beton, –s** concrete
betrachten to contemplate, look at
betragen (u, a) to amount to, run up to
der **Betrug, –es** fraud
beugen: sich beugen to bow down
beulenartig bumplike
beunruhigen to disquiet, disturb, alarm
beunruhigend disquieting
beunruhigt alarmed
die **Beurlaubung** furlough; leave of absence; release
bevölkern to populate; to people; to crowd
bevor before
bewachen to guard
bewachsen overgrown
die **Bewachung** guard
bewahrheiten: sich bewahrheiten to prove to be true
bewegen (o, o) to move; to induce; to prevail upon; **sich — to** move; **sich bewogen fühlen** to be induced
die **Bewegung, –en** movement; motion; **geriet in —** was set in motion
beweisen to prove
bewundern to admire
bezahlen to pay
bezaubernd enchanting
bezeichnen to indicate; to characterize; to call
die **Bezeichnung, –en** designation
die **Beziehung, –en** relation, connection
der **Bezirk, –(e)s, –e** district
bieder honest; loyal
biegen (o, o) to bend; **— in** to turn into
die **Biegung** bend
bieten (o, o) to offer

billigen to approve of
der **Bindfaden, –s, ⸚** string
bisher up to now, till now, to date
bißchen: ein bißchen a bit
bitte please
bitten (a, e) to request, ask; **— um** to ask for
blaß pale
das **Blättchen, –s, —** little leaf; piece of cigarette paper
bläulich bluish
der **Blechtopf, –es, ⸚e** tin pot
bleiben (ie, ie) to stay; to remain; **erhalten —** to remain intact; **vergeblich —** to be in vain, to be without purpose; **übrig —** to be left over
blenden to dazzle
der **Blick, –es, –e** look
blicken to glance, look; **— auf** to look at; **einer Gefahr ins Auge —** to face a danger
blitzschnell quick as lightning
das **Blut, –es** blood
die **Blutgier** bloodthirstiness
bombensicher bombproof
der **Bote, –n, –n** messenger
der **Braten, –s, —** roast
die **Bretterbude, –n** wooden hut
bröckelig crumbly
das **Brodeln, –s** boiling
das **Brotmesser, –s, —** breadknife
brüchig brittle; cracked
die **Brust, ⸚e** breast
die **Bühne** stage
das **Bühnenblut, –es** stage blood
der **Bunker, –s, —** shelter; bunker, dugout
der **Bunkerpfosten, –s, —** post of the bunker
bunt colorful
der **Bursche, –n, –n** fellow
das **Butterbrot, –es, –e** sandwich

der **Chef, –s, –s** boss
die **Cordhose(n)** corduroy slacks
das **Cowboykostüm, –s, –e** cowboy outfit

die **Czardasfürstin,** **–nen** czardas princess

damals then; at that time
die **Dame, –n** lady
damit with it
der **Dämmer, –s** twilight, dusk
die **Dämmerung** twilight, dusk
daneben next to it
dankbar grateful
dar-stellen to represent; to imitate; to mimic
darüber about it
da-stehen (stand da, dagestanden) to stand there; **ratlos —** to be at a loss
die **Dauer** duration, length; **auf die —** in the long run
dauernd continually
davon from it, from them; on it
davor from it
dazu with it
dazwischen in between
die **Decke, –n** ceiling
derart such; **— daß** so that, in such a manner that
derlei such
derwischähnlich like a dervish
deuten to explain; to point (to)
deutlich distinct
dicht thick, dense
dichtgeworden grown dense
die **Diele, –n** hall
der **Diener, –s, —** servant
der **Dienstbote, –n, –n** servant
diskutabel acceptable
die **Disziplinlosigkeit** lack of discipline
doch yet; still; **so —** yet
dorisch Doric
drehen to roll
dreimal three times
dringen (a, u) to pierce; **— an** to reach
drinnen inside; within
die **Drogerie, –n** drugstore
drohen to threaten
drüben over there
drücken to press; to squeeze

die **Dschunke, –n** junk
die **Dunkelheit** darkness
dünngeschliffen thin
durchbrechen (durchbrach, durchgebrochen) to break through; **die Disziplin —** to wreck discipline
der **Durchfall, –s** diarrhea
durch-halten (ie, a) to carry on; to stick it out; to endure
durchlöchert full of holes
der **Durchschnitt, –s** average; **im —** on the average
durchschreiten (i, i) to step through, pass through
durch-setzen to obtain, accomplish
durchsichtig transparent; specious
durchziehen (durchzog, durchgezogen) to march through
dürftig scanty
düster dark
das **Dutzend, –s, –e** dozen; **ein — an der Zahl** a dozen of them

die **Ebene** plain; basis
ebenfalls likewise
ebenso just as
ebensolch the same
die **Ecke, –n** corner
eckig angular
die **Edeltanne** silver fir
ehe before
der **Ehebruch** adultery
eigen own
die **Eigenschaft, –en** quality
eigentlich proper; real; **die eigentliche Feier** the actual celebration
die **Eile** haste, hurry; **in aller —** in a hurry
eilen to hurry, to make haste
ein-berufen (ie, u) to call in; to convene
ein-biegen (o, o) to turn into
eindeutig conclusively
ein-dringen (a, o) to intrude
der **Eindruck, –s, ⁻e** impression
eineinhalb one and a half

einfach simple, easy
ein-flechten (o, o) to put in, mention
der **Einfluß, –sses, ⁻sse** influence
die **Einfuhrgenehmigung** import permit
der **Eingang, –s, ⁻e** entry; entrance
eingefallen shriveled
Einhalt gebieten to stop, check, restrain
ein-laden (u, a) to invite
einmal once; **nicht —** not even
ein-nisten: sich einnisten to creep into
ein-reichen to hand in; to produce
ein-schleppen to import; to introduce
einschließlich including
ein-stecken to pocket; to hide away
ein-stellen to suspend, discontinue, stop; **sich — auf** to adapt oneself to; to adjust to
ein-treten (a, e) to enter
einzig only; **das einzige** the only thing
das **Eis, –es** ice; ice cream
das **Eisenträgergerüst, –s, –e** iron scaffolding
eisern iron; **mit eiserner Strenge** with uncompromising severity
ekelhaft repulsive(ly)
elektrisieren to electrify
elend miserable, wretched
elfenhaft elfin
empfinden (a, u) to feel
das **Ende, –s** end; **ein — bereiten to** stop
endgültig definitively
endlos endless
energisch energetic
der **Engel, –s, —** angel
der **Enkel, –s, —** grandchild; grandson
das **Enkelkind, –es, –er** grandchild
das **Ensemble, –s, –s** company (of actors)
entdecken to discover
entfliehen (o, o) to flee

die **Entfremdung** estrangement
entführen to carry off
entgegen-schaukeln to be swinging toward
entgegen-stürzen to rush toward
entlang along
die **Entlarvung** unmasking
entlassen (ie, a) to discharge
entnehmen (a, o) to take out
entreißen (i, i) to tear away; to uproot
die **Entrüstung** indignation
entscheidend decisive
entschließen (o, o): sich entschließen to decide; to make up one's mind
entschlossen determined
die **Entschuldigung, –en** excuse
das **Entsetzen, –s** horror
entsinnen (a, o): sich entsinnen to remember, recall
entsprechend corresponding; adequate; suitable
entstehen (entstand, entstanden) to originate; to be caused
entströmen to pour from
die **Entwicklung, –en** development
entziehen (entzog, entzogen) to take away, deprive; **sich —** to shun
entzünden to light
das **Erbe, –s** heritage
das **Erbrechen, –s** vomiting
erdenken (erdachte, erdacht) to devise
das **Ereignis, –ses, –se** happening, event
erfahren (u, a) to learn; **— von** to hear about
die **Erfindung, –en** invention; fabrication
der **Erfolg, –es, –e** success; **mit —** successfully
erfolgreich successful
erforderlich requisite, necessary
erfordern to require
erfreuen to delight; **sich —** to rejoice; to enjoy

erfreulich gratifying
erfüllen to fill
ergeben (a, e) to show; to yield
ergreifen (i, i) to seize; **die Flucht —** to run away
erhalten (ie, a) to preserve; **erhalten** (*adj.*) preserved
die **Erhaltung, –en** preservation; conservation; maintenance
erheben (o, o) to lift up
erheblich considerable
erheischen to request; to ask for
erhitzt excited; heated; hot
erhöhen to heighten; to increase; to raise
die **Erhöhung, –en** swelling
erinnern to remind
erkennbar visible; **schlecht —** scarcely visible
erkennen (erkannte, erkannt) to recognize; to realize
erklären to declare; to explain; **sich bereit —** to express one's willingness
erkranken to fall ill
erkünstelt affected
erleben to experience
das **Erlebnis, –ses, –se** experience
erleichtert relieved
die **Erleichterung** relief
erloschen extinguished; grown lifeless
erlösen to free; to rescue
erneuern to renew; to replace
ernst serious
ernten to harvest; to gather
erraten (ie, a) to guess
erregen to provoke, excite, stir up
die **Erregung** excitement
erreichen to reach
erringen (a, u) to obtain; to secure; to acquire
erscheinen (ie, ie) to appear
die **Erscheinung, –en** phenomenon; event; fact; occurrence; appearance
erschrecken (*transitive*) to terrify, frighten; (*intransitive*, **a, o**) to be alarmed, be frightened, be scared; **ich habe mich erschreckt** I startled myself, got scared
erschrocken frightened, startled, alarmed
ersetzen to replace
ersparen to spare
erstaunlich surprising
erstaunt surprised
ersteigen (ie, ie) to climb up; to walk up
ertappen to catch
ertragen (u, a) to bear, endure, take
erwählen to choose, select; to elect
erwähnen to mention
die **Erwähnung, –en** mention
erwarten to expect
erweisen (ie, ie) to prove; **sich —** to prove; **sich als ... —** to prove to be
erwerben (a, o) to gain; to acquire
erwirken to obtain
erzwingen (a, u) to enforce
das **Essen, –s** meal
das **Etui, –s, –s** case
das **Expreßpaket, –s, –e** express parcel

fachmännisch expert
fade stale, insipid
das **Familienmitglied, –es, –er** member of the family
die **Familienversammlung** family council
fassen to seize; to grasp; to take
fast almost, nearly
der **Faustkampf, –es, ⁻e** boxing; boxing match
der **Faustkämpfer, –s, —** boxer
das **Fehlen, –s** absence
die **Feier, –n** festival; celebration; **die abendliche —** the celebration in the evening
feierlich solemn
feiern to celebrate
der **Feldwebel, –s, —** sergeant
der **Feldweg, –s, –e** country road
die **Fenstersprosse, –n** window bar

Vocabulary - 69

fern-bleiben (ie, ie) to stay away
die **Ferne** distance
fertig werden mit to manage; to handle; to fix
fesseln to tie
das **Fest, -es, -e** feast; festival
fest-bleiben (ie, ie) to hold on; to be steadfast
fest-kleben to stick (to)
fest-legen to fix; to appoint
fest-stellen to state; to confirm; to establish
die **Feuerung** fire
der **Fidibus** spill
die **Figur, -en** figure; character
finden: Gehör — to be heard, be listened to; **Verwendung** — to be used
findig resourceful
finster dark, darkened; sinister; **im Finstern** in the darkness
die **Firma** firm, company
die **Fleischspeise, -n** dish of meat
flimmern to glitter
flink agile; nimble; (adv.) quickly
der **Flitter, -s** tinsel
der **Fluch, -es, ⸚e** curse
die **Flucht** flight; **die — ergreifen** to run away
der **Flur, -s, -e** hall
der **Flußarm, -es, -e** arm of a river
flüstern to whisper; **das Flüstern, -s** whisper, whispering
fluchen to swear
die **Folge** consequence
forsch lively
fortschrittlich progressive
fort-setzen to continue
fragwürdig questionable, doubtful
die **Frauenfrisur** (woman's) hairdo
freiwillig voluntary
fremdländisch foreign
freuen: sich freuen to be glad; to be happy
der **Friede(n), -s** peace
der **Friedhof, -s, ⸚e** cemetery
friedlich peaceful

die **Frische** vigor
fromm pious
die **Frömmigkeit** piety
frösteln to shiver
früher formerly
der **Frühling, -s, -e** spring
das **Frühlingslied, -es, -er** spring song
frühzeitig early
füllen to fill
die **Füllung** panel
fürchterlich terrible
das **Fußbad, -es, ⸚er** foot bath
die **Fußsohle** sole of the foot
füttern to feed

die **Gage** pay, fee
gähnen to yawn
gallenleidend having gall-bladder trouble
ganz whole, entire; (adv.) quite, entirely; **— toll** extraordinary; simply wonderful
die **Garderobe** closet
die **Garnitur** set
die **Gastlichkeit** hospitality
der **Gatte, -n, -n** husband
das **Gebäck, -s** pastry
geben: es gibt there is; **Anlaß — zu** to cause
das **Gebet, -(e)s, -e** prayer
gebieten (o, o) to command, order, enjoin; **Einhalt —** to stop, check, restrain
das **Gebimmel, -s** dingdong
der **Gebrauch, -s** use
das **Gebrüll, -s** yelling
die **Gebühr** tax, duty; **über —** immoderately
das **Gebüsch, -es, -e** thicket, underwood; shrubs
gedämpft faint, muffled
der **Gedanke, -n, -n** thought
gedeihen (ie, ie) to thrive; to grow
gedenken to plan; to mean
geeignet proper; fit
die **Gefahr** danger; **einer — ins Auge blicken** to face a danger; **eine**

— **bedeuten** to involve a danger; **auf die** — **hin** at the risk of
gefährden to endanger; to jeopardize
der **Gefangene, –n, –n** prisoner of war
die **Gefangenschaft** captivity
gefärbt colored
das **Gefühl, –s, –e** feeling
gegen against; with; toward; around, about
die **Gegend, –en** region
der **Gegensatz, –es, ⸚e** contrast; **im — stehen zu** to clash with
der **Gegenstand, –es, ⸚e** object
das **Gegenteil, –s** contrast; **im —** to the contrary
gegenüber-stehen (stand gegenüber, gegenübergestanden) to face, stand in front of
das **Geheimnis, –ses, –se** secret
gehen (ging, gegangen): vor sich gehen to be happening, be going on
das **Gehör, –s** hearing; **— finden** to be heard, be listened to
die **Geilheit** lewdness
der **Geisteszustand, –s, ⸚e** frame of mind
geistig intellectual; spiritual
der **Geistliche, –n, –n** clergyman
das **Gelächter, –s** laughter
gelähmt paralyzed
der **Geldschein, –es, –e** bill, bank note
der **Gelegenheitsarbeiter, –s, —** casual (laborer)
die **Geliebte** mistress
gelingen (a, u) to succeed (in)
gelten to be worth; to be considered; **— für** to pass for
das **Gemurmel, –s** murmuring
das **Gemüse, –es, —** vegetable
die **Gemüseversorgung** supplying of vegetables
das **Gemüt, –(e)s, –er** mind
genauestens most exactly
geneigt inclined
genial ingenious
genießen (o, o) to enjoy

genügen to suffice, be enough
gerade straight, direct; (*adv.*) just; straight; vertically
geradeaus straight on
geraten (ie, a): geriet in Bewegung was set in motion
das **Geräusch, –es, –e** noise
gerecht just; **den Bedingungen — werden** to fulfill every requirement; **— verteilen** to divide equally
gering small; slight
geringfügig insignificant, unimportant, small
gern(e) with pleasure; **etwas — tun** to like to do something
der **Geruch, –s, ⸚e** scent; smell
das **Gerücht, –(e)s, –e** rumor
gesamt entire
der **Gesangverein, –s, –e** glee club
das **Geschäft, –(e)s, –e** business
geschäftlich business; (*adv.*) in (his) business; **geschäftliche Verhinderung** business commitments
der **Geschäftsmann, –es, Geschäftsleute** businessman
die **Geschäftswelt** business, world of commerce
geschickt clever
das **Geschluchze** sobbing; **in ein hysterisches — ausbrechen** to begin to sob hysterically
gesellschaftsfeindlich antisocial
das **Gesetz, –es, –e** law
der **Gesichtsausdruck, –s** facial expression
gespannt tense; strained; anxious
das **Gespenst, –es, –er** ghost, specter
das **Gespräch, –es, –e** conversation
gespreizt wide apart
die **Gestalt, –en** figure
gestehen (gestand, gestanden) to confess; to admit
die **Gesundheit** health, state of health
gesundheitlich hygienic
getrost confidently
gewährleisten to guarantee

das **Gewicht, -es, -e** weight
gewinnen (a, o) to win; to obtain
die **Gewißheit** certainty
das **Gewitter, -s, —** thunderstorm
gewöhnlich regular; normal; ordinary
gewohnt accustomed
das **Gewürz, -es, -e** seasoning; spice; **scharfe Gewürze** hot seasonings
gezwungenermaßen: etwas — tun to be forced to do something
das **Gift, -es, -e** poison
das **Glas, -es, ⁻er** glass; jar
der **Glasbursche, -n, -n** fellow made of glass
gläsern of glass
die **Glaskugel** glass ball
die **Glatze** bald head
gleich in a minute
gleichgültig no matter; a matter of indifference; *(adv.)* indifferently
die **Gleichgültigkeit** indifference
gleichzeitig at the same time
glitzern to glitter
die **Glocke, -n** bell
glockenförmig bell-shaped
das **Glück, -(e)s** fortune; good luck; happiness; **zum —** fortunately; **das — haben** to be lucky enough
glücklicherweise fortunately
der **Glückwunsch, -es, ⁻e** greeting
der **Grad, -es, -e** degree
gräßlich horrible; gruesome
grau gray
grauenhaft horrible
greifen (i, i) to seize; **nach Methoden —** to use methods
grell glaring
griesgrämig morose
der **Griff, -es, -e** handle
grinsen to grin
grob rude, crude
der **Grund, -es, ⁻e** reason
die **Gruppe, -n** group
das **Gulasch, -es** goulash
gültig valid
günstig favorable; *(adv.)* favorably

die **Gurke, -n** cucumber; pickle
das **Gutachten, -s, —** opinion; verdict; certificate

haarscharf not a hair's breadth
haften to stick
die **Hakenkreuzstickerei** establishment for embroidering swastikas
halbnackt half-nude
die **Hälfte** half
der **Hals, -es, ⁻e** neck
halten (ie, a) to hold; to keep; **sich zur Verfügung —** to be at (someone's) disposal; **auf Lager —** to stock; **in Schach —** to keep in check
hämmern to hammer; to strike
die **Hand, ⁻e** hand; **jemandem etwas aus der — schlagen** to knock something out of someone's hand; **sich die Hände reiben** to rub one's hands
das **Händeklatschen, -s** applause
handeln: sich handeln um to be a matter of
hängen to hang, be suspended, dangle
die **Hantierung** operation, manipulation
harmlos harmless, inoffensive, innocuous, innocent
hart: die harten Regeln the brutal rules
hartnäckig obstinate
die **Hartnäckigkeit** obstinacy
die **Hast** haste, hurry
hastig hasty
hauen (hieb, gehauen) to strike; to switch
häufen to heap up; **sich —** to increase, accumulate
häufig often
die **Hauptattraktion** main attraction
das **Haus: nach —** home
die **Hausfrau, -en** hostess
der **Haushalt, -s** household
häuslich domestic; at home
die **Hautcreme** cold cream

heben (o, o) to lift
heften to fasten
heftig violent
die **Heftigkeit** violence; turbulence
die **Heilung** cure
heimlich secret
die **Heimlichkeit** secrecy
heim-suchen to afflict, plague
heiser hoarse
heiß hot
heiter cheerful; happy
die **Heiterkeit** hilarity
henken to hang
heran-nahen to approach
heran-wachsen (u, a) to grow up
heraus-kalkulieren to figure out
heraus-stellen: sich herausstellen to turn out; to prove; to become evident
herbei-telegraphieren to call in by wire
der **Herbst, -es** autumn, fall
herbstlich autumnal
der **Herd, -es** hearth, fireplace; nucleus, source, origin
her-geben (a, e) to hand over; **sich — zu** to lend oneself to
die **Herkunft** origin, extraction
die **Herrschaft** control; **die — verlieren** to lose control
die **Herrschaften: meine —** ladies and gentlemen
herüber-bringen (brachte herüber, herübergebracht) to bring over
herum-hämmern to strike wildly
herum-laufen (ie, au) to run around
herum-liegen (a, e) to lie around
herum-trampeln auf to trample on
herum-treiben (ie, ie): sich herumtreiben to run around; **sich — in** to frequent
herum-wüten to run around in a rage
heruntergekommen downtrodden; down at the heels
herunter-sausen to whiz down
herunter-setzen to reduce
herunter-tropfen to fall in drops
hervorragend outstanding
hervor-rufen (ie, u) to cause
hervor-ziehen (zog hervor, hervorgezogen) to pull out
herzensgut kindhearted
heute today; nowadays, at the present time
hilflos helpless
hin und wieder now and again; once in a while
hinauf up in the air
hinauf-greifen (i, i) to grasp up into
hinauf- und hinunter-klettern to climb up and down
hindurch through
hin-geben (a, e) to give away; **sich —** to addict oneself, abandon oneself, devote oneself
hingegen on the other hand
hinlänglich sufficient
hin-nehmen (a, o) to accept, take quietly
hin-stellen to put, place; **sich —** to stand
hinüber-schicken to send over
hinunter down
hinunter-gehen (ging hinunter, hinuntergegangen) to walk down; to climb down
das **Hinuntersteigen** walking down
hinunter-stürzen to plunge; to come down; to fall to the floor
hinweg away; **über ... —** over
hinzu-fügen to add
die **Hitze** heat
die **Hitzeeinwirkung** the effect of the heat
hoch high; in the air; **hohes Alter** advanced age; **je höher** the higher
hocherhoben uplifted, raised
hoch-heben (o, o) to lift
hoch-klappen to turn up
hoch-reißen (i, i) to pull up
hoch-sausen to whiz upward

der **Hochsommer, –s** midsummer
höchste: aufs höchste to the utmost
hoffen to hope
die **Hoffnung** hope; **— geben** to hold out hope
höhnisch scornful, sneering
hölzern wooden
der **Holzklotz, –es, ⸚e** log of wood, block of wood
das **Honorar, –es, –e** fee
hörnern of horn
das **Hosenbein, –s, –e** trouser leg
hübsch pretty
humanistisch classical
hungern to go hungry
hüten to guard; **ein Geheimnis —** to keep a secret

die **Idee, –n** idea; **auf eine — kommen** to hit upon an idea
die **Identität** identity
immerhin however; at any rate
der **Import, –s** importation
indiskutabel useless
der **Ingenieur, –s, –e** engineer; technician
der **Inhalt, –s, –e** contents
der **Inspizient, –en, –en** supervisor
die **Instanz: in erster —** before the lower court
intakt intact; all right
das **Interesse, –s, –n** interest
interessieren to interest
inzwischen meanwhile, in the meantime
irgendwo somewhere; **von irgendwoher** from somewhere
ironisch ironical
irr insane

die **Jacke, –n** jacket; coat
das **Jagdbesteck, –s, –e** set of hunting knives
jagen to hurry
der **Jahrestag, –es, –e** anniversary
das **Jahrhundert, –s, –e** century
jämmerlich pitiful

je höher the higher
jedenfalls at any rate
jedermann everybody
jederzeit at any time; at any moment
jeglicher every
jeher: von — ever; always; at all times
jemals at any time
jubeln to shout (with joy)
die **Jugend** youth, adolescence
jugendlich youthful
der **Jugendschutz, –es** protection of juveniles
der **Juni, –s** June

das **Kabel, –s, —** cable; wire
die **Kabine** booth
die **Kabinentür** door of the booth
kahl bare
die **Kalkulation** computation
der **Kampf, –es, ⸚e** fight
kämpfen to fight
die **Kapazität** authority
die **Kapelle** orchestra
der **Kaplan, –s, ⸚e** chaplain; curate
der **Karneval, –s** carnival
karnevalistisch carnival (*adj.*)
das **Kartenspiel, –es, –e** deck of cards
die **Kasse** box office
kassieren to cash in, realize
der **Kauf, –es, ⸚e** purchase; **in — nehmen** to put up with
die **Käuferschicht** group of buyers
der **Kaufmann, –(e)s, Kaufleute** businessman
der **Kautschuküberzug, –es, ⸚e** rubber coating
der **Kehricht, –s** rubbish; garbage
keiner nobody
keineswegs by no means
der **Keller, –s, —** basement
der **Kerl, –s, –e** fellow; rascal
die **Kerze, –n** candle
der **Kerzenrauch, –s** candle smoke
kichern to giggle; **das Kichern, –s** giggling

Vocabulary - 73

kindlich a child's; of children; childlike
die **Kippe** (*slang*) butt (*of a cigarette*)
die **Kiste, –n** box
der **Kitt, –(e)s** putty
kitzeln to tickle
klagend plaintive
der **Kläger, –s, —** plaintiff
die **Klammer, –n** clip; clasp
der **Klang, –es, ⁻e** sound; music
die **Klangschönheit** beauty of sound
klar clear; evident; sure, certainly
klar-machen to explain
klatschen to applaud
kleben to stick
kleiden to dress; **silbrig gekleidet** in a silver dress
die **Kleidung** clothes
das **Kleidungsstück, –(e)s, –e** garment; **Kleidungsstücke** apparel
klettern to climb up
klingeln to tinkle
klingen (a, u) to sound; **befremdlich —** to sound odd (strange); to surprise
klirren to clash, jingle, clatter
klopfen to knock; **Steine —** to break stones
das **Kloster, –s, ⁻** convent
knabbern to munch
knacken to crack
das **Knallbonbon, –s, –s** cracker bonbon
knallen to bang
knapp scanty; neat
der **Knopf, –es, ⁻e** button
kochen to cook; **Kaffee —** to make coffee
das **Köfferchen, –s, —** little suitcase
die **Kohle** coal; charcoal
kommen (a, o) to come; **auf etwas —** to think of (something), hit upon; **zu (etwas) —** to happen; **zu Besuch —** to visit, call upon, make a call, drop in; **— auf** to amount to, cost; **es kam zu schrecklichen Szenen** terrible scenes resulted

komplett complete
komplettieren to restore
der **Komplize, –n, –n** accomplice
konsequent consistent
konzertant harmonious
die **Kopfbedeckung, –en** headgear
körperlich bodily
die **Korrektheit** correctness
kosmisch cosmic
kosten to cost; **Mühe kostete** gave us trouble
die **Kosten** (*pl.*) cost; **die — übernehmen** to shoulder the cost
kostspielig expensive
das **Kostüm, –s, –e** costume; outfit
kräftig vigorous; **kräftige Fleischspeisen** wholesome meat dishes
der **Kragen, –s, —** collar
krampfhaft convulsive
die **Krankenschwester** nurse
das **Krankenzimmer, –s, —** sickroom
der **Kreis, –es, –e** circle
das **Kreischen, –s** shrieking
kreuzen to cross
der **Krieg, –es, –e** war
die **Kriegsdauer** duration (of the war)
der **Kriegsdienst, –es, –e** (military) service
die **Kriegsführung** warfare
der **Kriegsschmuck, –s** war decoration
die **Krippe, –n** manger
die **Krise** crisis
die **Kritik** criticism
die **Kruste** crust
die **Kühlvorrichtung, –en** cooler, cooling device
die **Kulisse, –n** wing curtain, wing
die **Kulissentür** door of a (stage) wing
der **Kummer, –s** sorrow, grief; **— bereiten** to cause grief
kümmerlich miserable, pitiful
kümmern: sich um etwas kümmern to care for something
der **Kumpan, –s, –e** companion; pal; fellow
der **Künstler, –s, —** artist
das **Künstlervolk, –es** (group of) artists

künstlich artificial
das **Kunststück,** -(e)s, -e trick
kurz short; *(adv.)* shortly, in short;
— **darauf** shortly after
kurzfristig in a short time
die **Kutte,** -n cowl

lächeln to smile
das **Lachen,** -s laughing, laughter
lächerlich ridiculous
der **Lachkrampf,** -(e)s, ⸚e convulsive laughter; **einen — bekommen** to begin to laugh hysterically
die **Lage** condition, situation; **in der — sein** to be able
das **Lager,** -s, — stock; supply; storage; **auf — halten** to stock
lahm lame, paralyzed
der **Laienbruder,** -s, ⸚ lay brother
die **Lampe,** -n lamp
längst long ago, long since; a long while, long
langweilen to bore
der **Lärm,** -(e)s noise
lassen (ie, a) to let; to cause to; to desist from; **ausfallen —** to call off
lässig nonchalantly
der **Lastwagen,** -s, — truck
lau tepid; mild
lauern (auf) to wait (for)
lauter pure, clear; *(adv.)* nothing but
das **Leben,** -s life
lebendig alive
die **Lebensdauer** duration of life
lebensmüde weary of life, sick of life
die **Lebenszeit** duration of life; life expectancy
lebhaft lively
der **Lederkoffer,** -s, — leather suitcase
ledig single
die **Leere** void
leeren to empty; to finish
lehnen to lean
der **Leib,** -es, -er body
leiden (litt, gelitten) to suffer

das **Leiden,** -s, — affliction; disease; **ein — zum Stillstand bringen** to arrest a disease
leider unfortunately
der **Leim,** -es glue
leise soft; *(adv.)* softly; low
leistungsfähig efficient
leugnen to deny
das **Lexikon,** -s, **Lexika** dictionary
die **Lichtreklame** neon lights
liebenswürdig amiable
der **Lieblingssohn,** -es, ⸚e favorite son
die **Lieferfrist** date of delivery
die **Lieferung** supply
die **Liegestatt** sleeping place, couch
links und rechts left and right
die **Lippe,** -n lip; **die Lippen spitzen** to purse one's lips
das **Lob,** -s praise
der **Löffel,** -s, — spoon
das **Lokal,** -(e)s, -e tavern; *(slang)* joint
löschen to extinguish
das **Löschhorn** extinguisher
lösen to detach; to loosen
los-plustern to burst out laughing
die **Lücke,** -n gap
der **Luftangriff,** -s, -e air raid
der **Luftballon,** -s, -s balloon
die **Luftschlange,** -n paper streamer
der **Luftzug,** -s draft, current of air
das **Luminal,** -s Luminal, phenobarbital
der **Lump,** -en, -en bum
die **Lust** pleasure
lüstern libidinous, wanton
lustlos listless; *(adv.)* without pleasure

machen to make; **sich bemerkbar —** to become noticeable; **aufmerksam — auf** to call attention to; **Schwierigkeiten —** to stir up difficulties; **eine Probe —** to rehearse
die **Macht,** ⸚e power
mager meager; barren; lean, thin
die **Mahlzeit** meal

das **Mal, -es, -e** time; **zum wiederholten Male** again and again
mancherlei various; all sorts of
manches some things
das **Manöver, -s, —** maneuver; trick
der **Markt, -es, ⁻e** market; **auf dem —** in the market
der **Marsch, -es, ⁻e** march
der **März** March
maskiert masked
maßgebend authoritative, decisive
die **Maßnahme, -n** measure; step
matt feeble
die **Mauer, -n** wall
mechanisch mechanical
der **Mechanismus** mechanism
die **Menge, -n** crowd
merken to notice
merkwürdig remarkable; strange, odd
merkwürdigerweise strangely enough
die **Metallschnauze** metal opening
die **Methode, -n** method; **zu Methoden greifen** to use methods
die **Meuterei** mutiny
die **Milch** milk
das **Milchpulver, -s** milk powder
mild(e) mild; gentle; meek; **die Milde** mildness; gentleness
mildern: sich mildern to become softer
militärisch military
der **Mime, -n, -n** actor
minderwertig poor
mindestens at least
das **Mitleid, -s** pity, compassion, sympathy; **— haben mit** to pity, feel pity for, be sorry for
mit-nehmen (a, o) to take along
mit-teilen: sich mitteilen to communicate (itself)
das **Mittel, -s, —** means; medicine, drug
mittelalterlich medieval
mitten in the middle (of)
modern fashionable
möglich possible

die **Möglichkeit, -en** possibility
der **Mönch, -es, -e** monk
das **Moos, -es** moss
die **Moral** morals; ethics
moralisch moral
morgen tomorrow
müde sleepy; tired; weary
die **Mühe** effort, trouble
mühelos effortless
die **Mühle, -n** mill
munkeln to rumor; to whisper
die **Munterkeit** liveliness
murmeln to murmur, mumble
das **Murren, -s: ohne —** without grumbling
die **Muße** leisure
das **Muster, -s, —** model; pattern; prototype
mustern to eye, inspect
der **Mut, -(e)s** courage
der **Mutterboden, -s** native soil
die **Mütze, -n** cap

nach-ahmen to imitate, mimic
die **Nachbarschaft** neighborhood
nachdenklich reflecting; pensive
nach-forschen to inquire; to investigate; to find out
der **Nachmittag, -s, -e** afternoon
nach-schlagen (u, a) to look up
die **Nacht, ⁻e** night
nächtlicherweise at night
nach-zittern to sway for a while
die **Nadel, -n** needle
der **Nadelbaumspezialist, -en, -en** expert in conifers
der **Nagel, -s, ⁻** nail
nahe near; next to
die **Nähe** nearness, proximity; **in der —** close by
nahen: sich nahen to get near, approach, step up to
Näheres details
näher-gehen (ging näher, nähergegangen) to approach
nähern to bring near(er); **sich —** to approach, draw near, come close

nahestehend closely connected; intimate
nähren to nourish
die **Nahrung** food
das **Nahrungsmittel, –s, —** food
der **Narrenhut, –(e)s, ⁼e** foolscap
naß wet
natürlich natural
der **Nebel, –s, —** mist; fog
nebeneinander side by side
das **Nebenzimmer, –s, —** adjoining room
nehmen (nahm, genommen) to take; to deprive of; **in Kauf —** to put up with; **auf sich —** to undertake
neigen to be inclined (to)
die **Neigung, –en** inclination; tendency
'nem = einem
der **Nervenzusammenbruch, –s** nervous breakdown
nervös nervous
die **Nervosität** nervousness
neuerdings recently
neuerlich latest; (*adv.*) recently
neulich recently
der **Neurologe, –n, –n** neurologist
nicht einmal not even
nicht mehr no more; no longer
nichtsnutzig naughty
nicken to nod
nirgendwo nowhere
noch still; yet; **— nicht** not yet
die **Not** need
nötig necessary; required
notwendig necessary; **das Notwendige** necessities
nüchtern sober; reasonable
die **Nummer** number; act; feature
die **Nuß, ⁼sse** nut
nützlich useful
nutzlos useless

der **Oberleutnant, –s, –s** first lieutenant
oberst– uppermost, top
das **Obst, –es** fruit
obwohl although, though

offen open
offenbar apparently
offenkundig overt
öffentlich public
das **Opfer, –s, —** victim
die **Ordnung** order
das **Organ, –s, –e** organ

packen to seize
die **Papierblume, –n** artificial flower, paper flower
das **Papierröllchen, –s, —** roll of paper
die **Pappel** poplar tree
die **Pappezigarre** pasteboard cigar
die **Partei, –en** party
die **Pause, –n** pause, interval
peinlich painful, distressing; embarrassing
pensioniert retired; in retirement
persönlich personal
die **Pfarre** parish, parsonage
der **Pfarrer, –s, —** parson; priest
die **Pfeffernuß, ⁼sse** gingerbread nut
der **Pfeil, –es, –e** arrow
der **Pferdedieb, –es, –e** horse thief
pflanzen to plant
die **Pflege** watchful attention; cultivation
pflegen to be in the habit of; **er pflegte** he used to
die **Pflicht** duty, obligation
pflücken to pluck, pull
phantasielos unimaginative
phosphoreszierend phosphorescent
der **Pilz, –es, –e** mushroom
das **Plakat, –es, –e** poster
die **Plakatsäule** advertising pillar
der **Plan, –es, ⁼e** plan; **einen — aufstellen** to map out a plan
plaudern to chat
der **Plauderton, –(e)s** conversational tone
plötzlich sudden
die **Plötzlichkeit** suddenness
plündern to plunder; to strip
der **Plünderungszug** plundering
politisch political
die **Polizistenstimme** cop's voice

die **Pönitentin** penitent
das **Porzellan, -s** china
das **Portal, -s, -e** porch; entrance
die **Portiere** curtain
der **Posten, -s** job; item
der **Postgehilfe, -n, -n** post-office employee
prachtvoll marvelous, magnificent
die **Praktiken** (*pl.*) tricks
der **Prälat, -en, -en** prelate
die **Präparierung** preparation
die **Praxis** practice
der **Präzedenzfall, -s, ⸚e** precedent
der **Priester, -s, —** priest
das **Priestergewand, -es, ⸚er** ecclesiastical garb
die **Printe** spiced cookie
die **Probe** rehearsal; **eine — machen** to rehearse
probeweise by way of trial
produzieren to produce; **sich —** to show up
der **Prolet, -en, -en** proletarian
propellerartig as if driven by a propeller
prophezeien to predict, foretell
der **Prozeß, -sses, -sse** lawsuit; **einen — anstrengen** to institute a lawsuit; to institute proceedings
prüfen to test
der **Psychiater, -s, —** psychiatrist
psychisch mentally
der **Psychologe, -n, -n** psychologist
das **Publikum, -s** audience
der **Pullover, -s, —** sweater
der **Punkt, -es, -e** point; **ein wunder —** a sore point
pünktlich punctual
die **Puppe, -n** doll

die **Quergasse, -n** crossroad

der **Radius** radius
ragen to project
die **Rampe, -n** footlights
der **Rand, -es, ⸚er** margin; border; edging
rapide rapidly

raten (ie, a) to advise
ratlos helpless, perplexed; **— dastehen** to be at a loss
räuberisch robberlike
raublustig rapacious
rauchen to smoke
der **Raum, -s, ⸚e** room; space
der **Rausch, -es, ⸚e** intoxication
raus-stecken to put out
realisieren: sich realisieren to materialize
recht right; **— haben** to be right
der **Rechtsanwalt, -(e)s, ⸚e** lawyer, attorney
reden to talk
redlich honest
die **Regel, -n** rule
regelmäßig regular
die **Regelmäßigkeit** regularity
regelrecht regular
der **Regen, -s** rain
registrieren to register
reiben (ie, ie): sich die Hände — to rub one's hands
reichen to give; to pass
reißen (i, i) to tear
reizend charming
die **Reklame** advertisement
die **Reputation** repute, reputation; credit; esteem
die **Reserve: in — legen** to keep in reserve
resigniert resigned; (*adv.*) resignedly, with resignation
der **Rest, -es, -e** remainder, rest
retten to save; to rescue; to salvage
der **Rhythmus, —, Rhythmen** rhythm
riechen (o, o) to smell (of)
das **Riesenmaul, -s, ⸚er** gigantic mouth
riesig gigantic
riskieren to risk; to incur the risk of
roh crude
die **Rolle** role, part; **eine — spielen** to cut a figure; to act a part
rollen to roll
römisch Roman
rotbemalt painted in red

rotieren to rotate, revolve
rotwangig rosy-cheeked
der **Ruck, -s, -e** jerk
die **Rücksichtnahme** consideration
rückwirkend retroactive; **— ausmachen** to state from the vantage point of hindsight
der **Ruf, -es, -e** call; reputation; rumor; **in den — ausbrechen** to exclaim, shout
die **Ruhe** rest; peace; calm
der **Rummel, -s** (*slang*) row, fuss
rundlich plump
der **Russe, -n, -n** Russian

die **Sache** thing; matter; case
sachgemäß suitable, appropriate; expert
sachlich in a matter-of-fact way
sacken: sich sacken lassen to slump
die **Sahne** cream; whipped cream
das **Sakrilegium, -s, Sakrilegien** sacrilege
der **Salat, -es, -e** salad; lettuce
die **Sammlung** concentration
sanft soft
der **Satz, -es, ⸚e** set
sauber clean
sauer sour
die **Säule, -n** column; pillar
sausen to whiz
schäbig shabby; worn
schäbigrot shabby red
das **Schach, -s** chess; **in — halten** to keep in check
der **Schacht, -es, ⸚e** shaft; gorge; hollow
der **Schädel, -s, —** skull
schaden to harm
schaffen (u, a) to create
die **Schallplatte, -n** record
scharf sharp; keen; **scharfe Gewürze** hot seasonings
der **Schatten, -s, —** shadow
schattenhaft shadowy
der **Schauer, -s, —** shudder; horror
schauerlich gruesome; uncanny

das **Schaufenster, -s, —** display window
der **Schauspieler, -s, —** actor
die **Scheibe** pane
der **Schein, -es** light; **zum —** seemingly; for show
scheinbar seemingly
der **Scheinwerfer, -s, —** searchlight
scheitern to fail
schelten (a, o) to scold
schieben (o, o) to push
schießen (o, o) to shoot
schillernd glittering
der **Schimmelpilz, -es, -e** fungus
das **Schlafzimmer, -s, —** bedroom
schlaff limp
der **Schlag, -es, ⸚e** blow
schlammig muddy
schlecht bad; **— erkennbar** scarcely visible
schleifen to drag
schlendern to stroll leisurely
schleppen to drag
schleudern to hurl
schlicht simple
schließlich finally, at last
das **Schloß, -sses, ⸚sser** lock
das **Schluchzen, -s** sobbing
das **Schlüsselloch, -s, ⸚er** keyhole
schmal narrow
der **Schmarotzer, -s, —** parasite
schmecken to taste; **— ließ** enjoyed it
schmeißen (i, i) to hurl
schmelzen (o, o) to melt
der **Schmerz, -es, -en** pain; grief
schmerzlich painful; grievous
die **Schminke** make-up
schminken to make up
der **Schmuck, -es** adornment; (Christmas-tree) ornaments
schmücken to decorate
schmucklos inconspicuous
der **Schmutz, -es** dirt
schnappen to seize
die **Schneide, -n** edge
die **Schnelligkeit** speed; swiftness; velocity

die **Schnur** string
die **Schnürung** lacing
schockierend shocking, offensive
die **Schonung** indulgence
schrauben to screw
schrecklich terrible, horrible
das **Schreckliche, –n** terrible thing
schreiten (i, i) to walk
schriftlich in writing
die **Schulter, –n** shoulder
die **Schüssel, –n** platter; dish; bowl
schütteln: sich schütteln to shake
die **Schwäche, –n** weakness
die **Schwächung** weakening; diminution
der **Schwager, –s, ⸚** brother-in-law
die **Schwangerschaft** pregnancy
schwanken to sway; to dangle; to swing
schweben to be pending
der **Schweiß, –es** sweat, perspiration
schwer heavy; difficult; hard; **— fallen** to find it hard
die **Schwermut** melancholy
schwermütig melancholy, dejected
der **Schwiegersohn, –(e)s, ⸚e** son-in-law
schwierig difficult; tough
die **Schwierigkeit** difficulty; **Schwierigkeiten machen** to stir up difficulties
schwingen (a, u) to swing, brandish, wave
das **Schwingen, –s** swing
die **Schwingung** impetus
schwirren to whir
der **Schwung, –es** impetus
die **Sechzigjährige** sexagenarian
der **Seelentestler, –s, —** psychologist; psychoanalyst
seelsorgerisch pastoral
seicht shallow
seitdem since
seitlich sideways
selbst self; (*adv.*) even
selig blessed; **ein baldiges seliges Ende** (her) early death
seltsam strange

sensibel sensitive
die **Sensibilität** sensibility
setzen: sich in Verbindung — mit to get in touch with; to contact; **sich —** to sit down
sicher sure; certain; secure
die **Sicherheit** security
sicher-stellen to secure
sichtbar visible
das **Signal, –s, –e** signal, sign
silbrig of silver; silvery; **— gekleidet** in a silver dress
die **Singpause** intermission (*during singing*)
das **Sinken, –s** deterioration, corruption
die **Sippe** clan; tribe; family
die **Sitte, –n** custom
sittsam modest
sofort immediately, right away
sogar even
solange as long as
der **Soldat, –en, –en** soldier; **— werden** to serve in the armed forces
solide sober, temperate
sollen to be obliged to; to be said to, be supposed to; **ich soll** I am supposed to, shall
sommerlich summer
der **Sommermonat, –s, –e** summer month
die **Sommernacht** summer night
sommers in summer
sonderbar strange, odd
das **Sondergesetz, –es, –e** special law
der **Sonnenstrahl, –s, –en** sunbeam
sonstig other
die **Sorge, –n** sorrow, anxiety; **— bereiten** to cause trouble
sorgen to care; take care; **— daß** to see to it that
die **Sorgfalt** care
sorgsam carefully
sowieso anyway
sowohl ... als both ... and
der **Spalt, –(e)s, –e** cleft; split
die **Spannung** tension
der **Spannungstrommelwirbel** (suspenseful) drum roll

der **Spargel**, –s asparagus
spärlich scanty
der **Spaß**, –sses, ⸚sse joke; fun; **jemandem — machen** to be fun for someone
später later; later on; **erst — only** later
der **Spaziergang**, –es, ⸚e walk
der **Speck**, –s bacon
der **Spekulatius** almond-butter cookie(s)
die **Spekulatiusherstellung** production of almond-butter cookies
das **Spekulatiustrauma**, –s trauma caused by almond-butter cookies
die **Sperrholzkabine** booth made of plywood
die **Spezereien** spices
speziell special; individual; personal
der **Spiegel**, –s, — mirror
spiegeln to reflect; **sich —** to be reflected
das **Spiel**, –s, –e play; game; **auf dem — stehen** to be jeopardized
spielen to play; **eine Rolle —** to act a part; to cut a figure
das **Spielzeugzentrum**, –s, **Spielzeugzentren** center of toy manufacture
die **Spitze** top; point
spitzen to point; **die Lippen —** to purse one's lips
der **Spitzenengel**, –s angel at the top of the tree
das **Sprechzimmer**, –s, — parlor
das **Sprichwort**, –es, ⸚er proverb
die **Spur**, –en trace; **auf die — kommen** to find a clue to
spüren to trace; to scent out; to perceive; to feel; to sense; **zu — bekommen** to experience; to be affected by
der **Staatsforst**, –es state park
der **Stadtteil**, –s, –e quarter (of a town)
der **Ständer**, –s, — holder; socket
ständig continual; perpetual
die **Stärke** strength

starr rigid, stiff; (*adv.*) rigidly; fixedly
die **Starre** rigidity, stiffness
statt instead of
statt-finden (a, u) to take place, happen, occur
stehen (stand, gestanden) to stand; **im Gegensatz — zu** to clash with; **auf dem Spiel — to** be jeopardized
stehen-bleiben (ie, ie) to stop, stand still
stehlen (a, o) to steal
das **Steineklopfen**, –s breaking stones
die **Stelle**, –n spot
der **Stern**, –(e)s, –e star
stetig continual; steady
die **Stetigkeit** steadiness
die **Stille** silence; stillness; peace
still-halten (ie, a) to keep still
stillschweigend silent; **— übergehen** to keep secret, conceal
der **Stillstand** standstill; **ein Leiden zum — bringen** to arrest a disease
die **Stimmung** mood, frame of mind
das **Stirnrunzeln**, –s frown
stockend falteringly
das **Stoffetui**, –s, –s case made of fabric
das **Stöhnen** groaning; sighing
die **Störung** disturbance
stoßen (ie, o) to push, thrust; **— auf** to meet with; to come to
der **Sträfling**, –s, –e convict
strapazieren to wear out
die **Straßenbahn** trolley car(s)
das **Streichholz**, –es, ⸚er match
streng strict
die **Strenge** sternness; severity, strictness; **mit eiserner —** with uncompromising severity
der **Strick**, –es, –e rope
der **Strom**, –es, ⸚e river; stream; throng (of people)
strömen to stream; to flow
das **Stück**, –es, –e piece; act; trick
das **Studierzimmer**, –s, — study
stumpf blunt

stürmisch thunderous
stürzen to fall; to come down; to plunge
subtropisch subtropical
suchen nach to look for
die **Summe**, –n sum; amount
summen to hum
die **Sünde** sin
das **Surren**, –s whiz
die **Süßigkeiten** (*pl.*) candy
die **Szene**, –n scene

der **Tabak**, –s tobacco
täglich daily; (*adv.*) every day
tagsüber during the day
der **Takt**, –es, –e measure
der **Tannenbaum**, –(e)s, ⁻e fir tree
die **Tannenbaumausrüstung** Christmas-tree decoration(s)
die **Tannenbaumtherapie** fir-tree therapy
der **Tannenzweig**, –es, –e fir branch
der **Tanz**, –es, ⁻e dance
tanzen to dance
die **Tänzerin**, –nen dancer, ballerina
der **Tapetenfetzen**, –s, — scrap of wallpaper
tarnen to camouflage
das **Taschengeld**, –(e)s allowance
das **Taschenmesser**, –s, — pocket knife
die **Tatsache**, –n fact
tatsächlich actually, as a matter of fact
taub deaf
taugen to be of use, to be good (for); **taugt nichts** is no good
die **Teilnahme** participation
teil-nehmen (a, o) to take part (in), participate (in)
telephonisch by telephone; over the telephone
temperamentvoll temperamental
teppichartig like a tapestry
der **Termin**, –s proceedings; day in Court
die **Terminverschiebung** delay
die **Terrasse** terrace
das **Teufelchen**, –s, — little devil

therapeutisch therapeutical
tiefenpsychologisch psychonalytical
toben to rage
tödlich fatal; deadly; murderous
toll crazy; insane; mad; **ganz —** extraordinary; simply wonderful
der **Ton**, –es, ⁻e tone
der **Topf**, –es, ⁻e pot
das **Tor**, –(e)s, –e gate
torkeln to stagger
der **Träger**, –s, — beam
die **Tragikomödie** tragicomedy
trainieren to practice
traktieren to treat (to); to regale
die **Träne**, –n tear
der **Traum**, –es, ⁻e dream
das **Trauma**, –s, –ta trauma
träumen to dream
traurig sad
treffen (a, o) to hit; to touch; to meet; **sich —** to meet; **ein Abkommen —** to come to an agreement
das **Treiben**, –s doings
die **Treppe** stairs
der **Treppenabsatz**, –es, ⁻e landing
das **Treppenhaus**, –es, ⁻er staircase
treten (a, e) **in** to enter
triumphierend triumphantly
trocken dry
die **Trommel**, –n drum
der **Trommelwirbel**, –s, — drum roll
die **Trompete**, –n trumpet
tropisch tropical
trotz in spite of
trotzdem nevertheless
die **Trümmerhalde** heap of ruins
der **Trümmerhaufen**, –s, — heap of ruins
der **Trunkenbold**, –s, –e drunkard
der **Tusch**, –es flourish, fanfare

übelmeinend malevolent
üben to practice
übergeben (a, e) to hand over
übergehen (**überging**, **übergangen**) to skip, pass over

über-gehen (ging über, übergegangen) to change into
überhaupt at all; anyway
über... hinaus beyond
über... hinweg over
überhören to ignore
übernehmen (übernahm, übernommen) to take over; **die Kosten —** to shoulder the cost
überragend overhanging
überraschend surprising
die **Überseekiste, –n** overseas crate
über-streifen to slip on
übertrieben exaggerated
überwachen to supervise
überwiegen (o, o) to outweigh
überwürzt too much seasoned
über-ziehen (zog über, übergezogen) to put on
üblicherweise usually
übrigens incidentally
übrig left (over)
die **Übung, –en** exercise; practice
um-blicken: sich umblicken to turn around; to look around
die **Umgebung** environs; surroundings; neighborhood
um-gehen (ging um, umgegangen) to circulate
umher-huschen to flit about
um... herum around
umkränzen to festoon
um-organisieren to reorganize
der **Umriß, –sses, –sse** contour
der **Umstand, –s, ⸚e** circumstance
um-stürzen to upset
um-wandeln to change (into)
um-wehen to blow over
unähnlich unlike, dissimilar
unbedingt necessarily
unbekannt unknown
unbeliebt unpopular
die **Unbescholtenheit** blamelessness, integrity
unbeschränkt unlimited
unendlich infinite
unerfreulich unpleasant

unermüdlich indefatigable, untiring
unerwarteterweise unexpectedly
der **Unfug, –s** nuisance, nonsense
ungebildet unrefined, uncultivated
das **Ungeheuer, –s, —** monster
ungern unwillingly
ungewöhnlich unusual
unglaublich incredible
unglücklicherweise unfortunately
das **Unheil, –s** trouble; disaster; misfortune
unheilbar incurable
unheilig unholy
unheimlich uncanny
unhörbar inaudible, imperceptible
unmerklich imperceptibly
unmittelbar immediate
unmöglich impossible
unnachgiebig inflexible; uncompromising
die **Unruhe** unrest
unselig unhappy; fatal
der **Unsinn, –s** nonsense
unsittlich immoral; unethical
die **Unsittlichkeit** immorality
unten down; **nach —** down, downward
unterbrechen (a, o) to interrupt
der **Untergang, –s** destruction
unterhalb below, under
unterhalten (ie, a) to entertain; **sich —** to converse
unterliegen (a, e) to be subject to; **einem Verbot —** to be forbidden
die **Unterlippe** lower lip
die **Untermalung** background (color)
unternehmen (unternahm, unternommen) to undertake
das **Unternehmen, –s** business; establishment
die **Unterredung, –en** conversation; interview; discussion
unter-tauchen to plunge
unterworfen subject (to)
untröstlich inconsolable
die **Untugend** fault; bad habit; vice
ununterbrochen uninterruptedly

unverantwortlich irresponsible
unvermeidlich inevitable
unverschämt impudent, insolent
unverwechselbar unchangeable
unwesentlich unessential, unimportant
unwillkürlich involuntarily
die **Urheberin** originator, creator
die **Ursache, –n** cause; origin

vage vague
die **Vakanz** vacation
der **Vater, –s,** ⁻ father; **Väter** forefathers
das **Vaterland, –es, ⁻er** country, fatherland
verabreichen to administer
verabschieden: sich verabschieden to bid good-by to, take leave of
die **Veranda** porch
die **Veränderung** change
veranlassen to cause to
die **Veranstaltung** event
verantworten to answer for; to justify
verbergen (a, o) to hide
verbeugen: sich verbeugen to bow
verbieten (o, o) to forbid
verbilligen to reduce the price of; **verbilligt** reduced
verbinden (a, u) to connect; to associate
die **Verbindung, –en** connection; **sich in — setzen mit** to get in touch with, contact
verbitten (a, o): sich verbitten to decline; to refuse
verblichen faded
das **Verbot, –s, –e** prohibition; **einem — unterliegen** to be forbidden
der **Verbrauch, –s** consumption
verbreiten to spread; **verbreitet** general; **sich —** to spread; to circulate
verbrennen (verbrannte, verbrannt) to burn

verbringen (verbrachte, verbracht) to spend
verdammt damn it
das **Verdienst, –es, –e** merit
das **Verfahren, –s** lawsuit
der **Verfall, –s** decay
verfallen decayed; in ruins
die **Verfallserscheinung** symptom of decline (decay)
die **Verfügung** disposal; **sich zur — halten** to be at (someone's) disposal
die **Vergangenheit** past
vergeblich in vain, to no purpose
vergiften to poison
vergnügt in good humor
die **Vergnügung** pleasure
das **Verhältnis, –ses, –se** circumstance
verhängnisvoll disastrous
verheerend awful
verheiratet married
die **Verhinderung** prevention; **geschäftliche —** business commitment(s)
verkappt in disguise
verkaufen to sell
verkommen decayed
verlaufen (ie, au) to take a certain turn (course); **normal —** to take a normal course
verlegen embarrassed
der **Verlust, –es, –e** loss
vermeiden (ie, ie) to avoid
vermögen (vermochte, vermocht) to be able to, can
das **Vermögen, –s, —** fortune; wealth
vernachlässigen to neglect
die **Vernachlässigung** neglect
vernichtend crushing
die **Verpflichtung, –en** obligation
verrückt crazy
versagen to deny, refuse; **sich etwas —** to deny oneself something
versammeln to assemble; **sich —** to assemble, meet
die **Versammelten** those assembled

die **Versammlung, –en** assembly, gathering
der **Verschleiß, –es** wear and tear
verschlissen used up
verschütten to bury¶
die **Versicherung** assurance
verständnislos without understanding
verstärken to reinforce
verstehen (verstand, verstanden) to hear; to understand; to know
verstreichen (i, i) to pass, elapse
der **Versuch, –es, –e** attempt
versuchen to try
die **Versuchsreihe** series of tests
die **Verteidigung** defense
verteilen to distribute; to divide; **gerecht —** to divide equally
die **Verteuerung** rise in prices
das **Vertrauen** trust, confidence; **— haben** to trust
vertreten (a, e) to substitute for
vervollständigen to make complete
die **Verwaltungsstelle** administrative department; executive office
der **Verwandte, –n, –n** relative
die **Verwandtschaft** relationship; family
verweigern to refuse; to decline
verwenden to use
die **Verwendung** use; **— finden** to be used
verwildert neglected
verwirrt confused
verzerrt distorted
der **Verzicht, –(e)s** resignation; renunciation; **— auf ihren Baum** sacrifice of her Christmas tree
verzichten to renounce, forego; to do without
die **Verzögerung** delay
die **Verzweiflung** despair
der **Vetter, –s, –n** cousin
vielfältig manifold; various
vielmehr rather
vieltausendköpfig with many thousand heads

vierteljährlich quarterly
die **Villa, Villen** villa, (suburban) home
die **Vitalität** vitality
vollends fully
vollführen to execute
völlig complete
vollkommen perfect; complete
vollständig complete
vollziehen (vollzog, vollzogen): sich vollziehen to take place, occur; to accomplish; to consummate
vorbei over
vorbei-flitzen to whiz past
vorbei-gehen (ging vorbei, vorbeigegangen) to pass by
vorbei-kommen (a, o) to pass by
vorbei-schreiten (i, i) to pass in front of
vor-bereiten to prepare
die **Vorbereitung** preparation
das **Vorbild, –(e)s, –er** model
der **Vorbote, –n, –n** harbinger
vorne: nach — forward
vorstädtisch suburban
vor-stellen to introduce
die **Vorstellung, –en** performance, show
vorüber-fahren (u, a) to pass (by)
vorüber-gehen (ging vorüber, vorübergegangen) to pass by
vorübergehend temporary
vorzüglich excellent

das **Wachs, –es** wax
die **Wachspuppe, –n** wax doll
wackelig rickety
wagen to dare
der **Wagen, –s, —** carriage; car, automobile; wagon
der **Wahn, –s** delusion
der **Wahnsinn, –s** insanity
wahren to last
während during; while
währenddessen meanwhile, in the meantime
der **Walzer, –s, —** waltz

die **Wandlung** change
die **Wange, –n** cheek
die **Wärme** warmth
der **Wärmegrad, –es, –e** degree of heat; temperature
warnen to warn, caution
das **Warnungssignal, –s, –e** warning (signal)
die **Wechselbäder** hot and cold baths
wechseln to change
wegen because of, on account of
weg-ziehen (zog weg, weggezogen) to move; to change (one's) residence
das **Weib, –es, –er** woman
weich soft
weigern: sich weigern to refuse
weihnachtlich Christmas (*adj.*)
der **Weihnachtsabend, –s** Christmas Eve
der **Weihnachtsbaum, –es, ⸚e** Christmas tree
der **Weihnachtskrempel, –s** Christmas articles
die **Weihnachtstage** (*pl.*) Christmastide, yuletide
die **Weise** manner, way; **in keiner —** in no way
weißhaarig white-haired
weiter further
weitere additional
weiter-gehen (ging weiter, weitergegangen) to go on
welch which
die **Welle, –n** wave
die **Wellenlänge, –n** wave length
die **Weltfremdheit** ignorance of the ways of the world
die **Wendeltreppe** winding staircase
wenden (wandte, gewandt): sich wenden zu to turn to
wenigstens at least
wenn if; when; **— ... auch** although
wesentlich essential; (*adv.*) considerably
der **Widerstand, –es, ⸚e** resistance
widerwärtig repulsive

wiederauf-kommen (kommt wieder auf, kam wieder auf, wiederaufgekommen) to reappear
wiederher-stellen (stellt wieder her, stellte wieder her, wiederhergestellt) to restore, repair
der **Wildwesthut, –es, ⸚e** cowboy hat
wimmeln to swarm, teem
wimmern to whine
die **Windjacke, –n** windbreaker, car coat
wippen to swing
wirken: besser wirken to have a better effect
wirklich real; (*adv.*) really, actually
die **Wirkung, –en** effect; result
wirtschaftlich economical
wöchentlich weekly; every week
wohl well; probably
das **Wohlergehen, –s** well-being
wohl-tun (tat wohl, wohlgetan) to do good
wohnen to live
das **Wohnzimmer, –s, —** living room
wollen to be willing; to mean, to plan; **ich will das tun** I'll do it; I am about to do it
wollüstig voluptuous
womit by which (fact)
wund wounded; sore; **ein wunder Punkt** a sore point
wunderbar marvelous
der **Wurf, –es, ⸚e** throw
würzen to season
wütend furious, savage

die **Zähigkeit** tenacity
die **Zahl** number; **ein Dutzend an der —** a dozen of them
zählen to count
die **Zaubergeste** magic gesture
das **Zeichen, –s, —** sign; signal
zeichnen to draw
zeigen to show; **sich —** to appear; to become obvious
der **Zeitgenosse, –n, —** contemporary

Zeitlang: eine — a while, for a time
zeitlebens all his (her) life
der **Zeitpunkt, -es, -e** moment, instant
zeitunglesend reading one's newspaper
zerlumpt in rags
zerren to drag
zerschlagen (u, a) to smash, crush
zerschneiden (i, i) to cut
die **Zersetzung** decomposition; disintegration
zerstören to destroy
die **Zerstörung** destruction
zertrümmern to ruin
der **Zeuge, -n, -n** witness
ziehen (zog, gezogen) to draw; to pull; **— ... aus** to remove
ziemlich rather
zieren to adorn
die **Zimmerecke, -n** corner (of a room)
zirpen to chirp
das **Zischen** hissing
zitieren to quote
die **Zitrone, -n** lemon
die **Zitrusfrucht, ⸚e** citrus fruit
zittern to tremble
der **Zoll, -es, ⸚e** duty
zu (*prep.*) at, in, by, on, toward; (*adv.*) too
zu-blicken to watch
zucken: die Schultern — to shrug one's shoulders
das **Zucken, -s** shrug
der **Zuckerwarenladen, -s, ⸚** candy store
zudem besides, moreover, in addition
zufolge according to
der **Zug, -es, ⸚e** trait; feature
zugleich at the same time
der **Zugriff, -s, -e** grasp, grip; hold
zu-hören to listen
zu-knöpfen to button
zu-kommen (a, o) to step up (to); **— lassen** to let have
zu-lassen (ie, a) to admit
zumal all the more so as

zunächst in the first place; first of all
zündend infectious
zurück-gehen (ging zurück, zurückgegangen) to go back, return
zurück-holen to call back
zurück-kehren to return, come back
zurück-kommen (a, o) to return, come back; **darauf —** to return to the subject
zurück-scheuen to shrink (from)
zurück-sortieren to put back
zurück-stecken to put back
zurück-treten (a, e) to return, go back
zurück-weisen (ie, ie) to refuse; to reject
zurück-ziehen (zog zurück, zurückgezogen): sich zurückziehen to retire; to withdraw
zu-rufen (ie, u) to call (*to someone*)
der **Zusammenbruch, -s** breakdown, collapse; ruin
zusammen-fallen (ie, a) to shrivel
zusammen-rollen to roll up
zusammen-rufen (ie, u) to call together
zusammen-zucken to wince, flinch
zusätzlich additional
der **Zuschauer, -s, —** spectator; (*pl.*) audience
der **Zuschauerraum, -es** auditorium, house
zu-schießen (o, o) to shoot toward
zu-schreiben (ie, ie) to attribute
zu-sehen (a, e) to look on, watch
zusehends swiftly
der **Zuspruch, -s** consolation; encouraging words
der **Zustand, -es, ⸚e** condition; state; situation
zu-stehen (stand zu, zugestanden): es steht (einem) zu (someone) can claim
zu-stürzen to rush toward
zuverlässig reliable

zu-ziehen (**zog zu, zugezogen**) to close; to draw; to call in, consult
die **Zwangsjacke** strait jacket
zwar it is true; to be sure
zweifeln to doubt; **ich zweifle daran** I doubt it
zweite second
der **Zwerg,** –es, –e dwarf
der **Zwergenarm,** –(e)s, –e arm of the dwarf
die **Zwergenglocke,** –n bell of the dwarf(s)
zwingen (**a, u**) to force